kühlen Händen zu einem geschmeidigen Teig kneten. • Aus dem Teig Rollen von etwa 4 cm Durchmesser formen. Die Rollen einzeln in Alufolie einwickeln und 2–3 Stunden im Kühlschrank ruhen lassen. • Das Backblech einfetten oder mit Backtrennpapier auslegen. Den Backofen auf 190° vorheizen. • Von den Teigrollen ½ cm dicke Scheiben abschneiden. Die Plätzchen auf das Blech legen und auf der mittleren Schiene des Ofens 15 Minuten backen. Die Pangani mit einem breiten Messer vom Blech heben und auf einem Kuchengitter abkühlen lassen.

Mein Tip Entgegen der allgemeinen Vorschrift fette ich auch für Buttergebäck die Bleche vorher ein. So bin ich ganz sicher, daß die Plätzchen beim Herausheben nicht zerbrechen. Es sei denn, es wird Backtrennpapier verwendet.

Schwarzweiß-Gebäck

Zutaten für 40 Stück:
250 g Mehl · 125 g Zucker · 1 Ei · 1 Eßl. Rum · 150 g kalte Butter · 2 Eßl. Kakaopulver · 1 Eiweiß
Für das Backblech: Butter oder Backtrennpapier
Pro Stück etwa 295 Joule/70 Kalorien

- Vorbereitungszeit: 50 Minuten
- Ruhezeit: 2 Stunden und 30 Minuten
- Backzeit: 10 Minuten pro Blech

◁ Schnell gebacken sind Schweinsöhrchen, die ganz frisch und knusprig am besten schmecken. Rezept Seite 51.

So wird's gemacht: Das Mehl auf die Arbeitsfläche sieben. In die Mitte eine Mulde drücken, den Zucker, das Ei und den Rum hineingeben. Die Butter in Flöckchen auf den Mehlrand schneiden. Alles von außen nach innen mit kühlen Händen zu einem geschmeidigen Teig kneten. • Den Teig in zwei Hälften teilen. Eine Hälfte mit dem Kakaopulver gut verkneten. Beide Teigportionen getrennt in Alufolie einwickeln und 2 Stunden im Kühlschrank ruhen lassen. • Die Arbeitsfläche mit Mehl bestäuben, den hellen Teig zu einem doppelt so langen wie breiten Rechteck 2–3 mm dick ausrollen. Mit dem dunklen Teig ebenso verfahren. • Das Eiweiß leicht verquirlen, den hellen Teig damit bestreichen. Die dunkle Teigplatte darauflegen und sanft andrücken. Mit einem scharfen Messer die Teigränder glattschneiden. Die Teigplatten von der Längsseite her aufrollen und die Rolle nochmals in Alufolie verpackt 30 Minuten im Kühlschrank ruhen lassen. • Das Backblech einfetten oder mit Backtrennpapier auslegen. Den Backofen auf 200° vorheizen. • Die Teigrolle in etwa ½ cm dicke Scheiben schneiden, auf das Backblech legen und etwas nachformen. Die Plätzchen im Ofen auf der mittleren Schiene 10 Minuten backen. Auf dem Blech kurze Zeit abkühlen und auf einem Kuchengitter erkalten lassen.

Mein Tip Sie können auch aus hellem und dunklem Teig rechteckige gleichlange Stränge formen, diese mit Eiweiß bestreichen und schachbrettartig zusammensetzen.

Himbeerbrötchen

Zutaten für 50 Stück:
4 Eßl. tiefgefrorene Himbeeren, bereits aufgetaut · 250 g Zucker · 4 Eier · 250 g Mehl
Für das Backblech: Butter oder Backtrennpapier
Pro Stück etwa 210 Joule/50 Kalorien

- Vorbereitungszeit: 30 Minuten
- Ruhezeit: 12 Stunden
- Backzeit: 10 Minuten pro Blech

So wird's gemacht: Die Himbeeren mit 1 Eßlöffel Zucker unter Rühren aufkochen, dann abkühlen lassen. • Die Eier in Eiweiß und Eigelb trennen. Das Eiweiß zu steifem Schnee schlagen, den restlichen Zucker einrieseln lassen, ein Eigelb nach dem anderen und die Himbeeren dazugeben. Alles zu einer dicken cremigen Masse rühren. Das Mehl portionsweise unter die Crememasse mischen. • Das Backblech einfetten oder mit Backtrennpapier auslegen. Mit einem Eßlöffel Teighäufchen mit gutem Abstand auf das Blech setzen. Über Nacht an einem kühlen Platz ruhen lassen. • Den Backofen auf 180-200° vorheizen. Die Himbeerbrötchen auf der mittleren Schiene des Ofens 20 Minuten backen.

Mein Tip Die fruchtigen Plätzchen schmecken besonders gut zu Vanilleeis.

Aprikosenringe

Zutaten für 40 Stück:
300 g Mehl · 1 Ei · 150 g Zucker · abgeriebene Schale von ½ unbehandelten Zitrone · 1 Messerspitze Zimt · 200 g kalte Butter
Zum Bestreichen: 200 g Aprikosenmarmelade · 1-2 Eßl. Marillengeist
Zum Besieben: 2 Eßl. Puderzucker
Für das Backblech: Butter oder Backtrennpapier
Pro Stück etwa 420 Joule/100 Kalorien

- Vorbereitungszeit: 45 Minuten
- Ruhezeit: 2 Stunden
- Backzeit: 10-15 Minuten pro Blech

So wird's gemacht: Das Mehl auf die Arbeitsfläche sieben. In die Mitte eine Vertiefung drücken, das Ei, den Zucker, die Zitronenschale und den Zimt hineingeben. Die Butter in Flöckchen auf den Mehlrand schneiden. Alles von außen nach innen mit kühlen Händen zu einem glatten Teig verkneten. Den Teig in Alufolie einwickeln und 2 Stunden im Kühlschrank ruhen lassen. • Das Backblech einfetten oder mit Backtrennpapier auslegen. Den Backofen auf 180-200° vorheizen. • Die Arbeitsfläche leicht mit Mehl bestäuben und den Teig darauf 3-4 mm dick ausrollen. Aus der Teigplatte runde Plätzchen von 4 cm Durchmesser ausstechen. Bei der Hälfte der Plätzchen aus der Mitte kleine Scheiben ausstechen, so daß Ringe entstehen. • Plätzchen und Ringe auf das Blech legen und im Ofen auf der mittleren Schiene 10-15 Minuten backen. • Die Aprikosenmarmelade mit dem Marillengeist in einem Töpfchen unter Rühren erwärmen, bis die Masse gut streichfähig ist. • Die noch heißen Plätzchen mit der Aprikosenmischung bestreichen. Die Ringe mit Puderzucker besieben und auf die Plätzchen setzen.

Mein Tip Aus den kleinen Scheiben, die durch das Ausstechen der Ringe anfallen, können Sie kleine mit Marmelade zusammengesetzte »Doppeldecker« herstellen.

Heidesand

Zutaten für 40 Stück:
200 g Butter · 150 g Zucker · 1 Päckchen Vanillinzucker · 1 Prise Salz · abgeriebene Schale von ½ unbehandelten Zitrone · 2 Eßl. Milch · 250 g Mehl
Zum Bestreichen und Wälzen: 2 Eigelbe · 50 g Hagelzucker
Für das Backblech: Butter oder Backtrennpapier
Pro Stück etwa 360 Joule/85 Kalorien

- Vorbereitungszeit: 1 Stunde
- Ruhezeit: 2 Stunden
- Backzeit: 15 Minuten pro Blech

So wird's gemacht: Die Butter in einem Topf goldbraun werden lassen. Zum Erkalten in eine Schüssel gießen. • Die leicht erstarrte Butter mit dem Zucker, dem Vanillinzucker und dem Salz schaumig rühren. Die Zitronenschale und die Milch hinzufügen. Nach und nach das Mehl darübersieben, einrühren und alles gut durchkneten. • Die Arbeitsfläche mit Mehl bestäuben und aus dem Teig 4 cm dicke Rollen formen. Die Teigrollen in Alufolie wickeln und 2 Stunden im Kühlschrank ruhen lassen. • Das Backblech einfetten oder mit Backtrennpapier auslegen. Den Backofen auf 180° vorheizen. • Die Eigelbe verquirlen und die Teigrollen damit ringsherum bestreichen. Den Hagelzucker auf die Arbeitsfläche streuen und die Teigrollen darin wälzen. • Von den Rollen ½ cm dicke Scheiben abschneiden und nicht zu nahe aneinander auf das Blech legen. Die Plätzchen im Ofen auf der mittleren Schiene in 15 Minuten goldgelb backen.

Zitronentaler

Zutaten für 50 Stück:
250 g Mehl · 200 g kalte Butter · 150 g Puderzucker · 1 unbehandelte Zitrone
Zum Bestreichen und Bestreuen: 4 Eßl. Johannisbeergelee · 50 g gehackte Pistazienkerne
Für das Backblech: Butter oder Backtrennpapier
Pro Stück etwa 290 Joule/70 Kalorien

- Vorbereitungszeit: 1 Stunde
- Ruhezeit: 1 Stunde
- Backzeit: 8 Minuten pro Blech

So wird's gemacht: Das Mehl auf die Arbeitsfläche sieben, die Butter in Flöckchen darüberschneiden und beides mit einem Messer durchhacken. 50 g Puderzucker dazusieben. • Die Zitrone halbieren. Die Schale einer Zitronenhälfte darüberreiben und den Saft der halben Zitrone dazugeben. Alles mit kühlen Händen zu einem glatten Teig kneten. In Alufolie einwickeln und 1 Stunde im Kühlschrank ruhen lassen. • Das Backblech einfetten oder mit Backtrennpapier auslegen. Den Backofen auf 190° vorheizen. • Die Arbeitsfläche mit Mehl bestäuben, 3 mm dick ausrollen und runde Plätzchen ausstechen. Die Taler auf das Blech legen und im Ofen auf

Plätzchen werden fast immer auf der mittleren Schiene des Backofens gebacken.

der mittleren Schiene in 8 Minuten goldgelb backen. • Die Plätzchen zum Abkühlen auf ein Kuchengitter heben. Die Hälfte der Plätzchen auf der Unterseite mit dem Gelee bestreichen, die übrigen Taler daraufsetzen. • Den Saft der anderen Zitronenhälfte mit dem restlichen Puderzucker zu einer dicken Glasur rühren. Die Zitronentaler damit überziehen. Auf die noch weiche Glasur die gehackten Pistazien streuen.

Mein Tip Gelees lassen sich leichter streichen, wenn sie vorher etwas erwärmt werden.

Kopenhagener Liebeskränze

Das dänische Rezept ist über hundert Jahre alt. Die Liebeskränze werden heute, und sicher auch in Zukunft, gerne gebacken, weil sie besonders hübsch aussehen und ausgezeichnet schmecken.

Zutaten für 35–40 Stück:
450 g Mehl · 6 Eigelb · 125 g Zucker · 1 Päckchen Vanillinzucker · 250 g kalte Butter
Zum Bestreichen und Bestreuen: 2 Eiweiß · 50 g Hagelzucker
Für das Backblech: Butter oder Backtrennpapier
Pro Stück etwa 505 Joule/120 Kalorien

- Vorbereitungszeit: 50 Minuten
- Ruhezeit: 2–3 Stunden
- Backzeit: 15–20 Minuten pro Blech

So wird's gemacht: Das Mehl auf die Arbeitsfläche sieben. In die Mitte eine Mulde drücken. Das Eigelb mit dem Zucker und dem Vanillinzucker in einer Schüssel verrühren und in die Vertiefung geben. Die Butter in Flöckchen auf den Mehlrand schneiden. Alles schnell von außen nach innen mit kühlen Händen zu einem glatten Teig verkneten. Den Teig in Alufolie einwickeln und 2–3 Stunden im Kühlschrank ruhen lassen. • Das Backblech einfetten oder mit Backtrennpapier auslegen. Den Backofen auf 200° vorheizen. • Die Arbeitsfläche leicht mit Mehl bestäuben und aus dem Teig Rollen von etwa 1 cm Durchmesser und 12–15 cm Länge formen. Diese zu einer Kordel drehen und dann zu einem Kranz zusammenfügen. • Das Eiweiß verquirlen. Die Kränzchen auf das Blech legen, mit dem Eiweiß bepinseln und mit dem Hagelzucker bestreuen. Im Ofen auf der mittleren Schiene 10–15 Minuten backen.

Schwäbische Eßle

Zutaten für etwa 60 Stück:
500 g Mehl · 150 g Zucker · 1 Prise Salz · abgeriebene Schale von ½ unbehandelten Zitrone · 5 Eigelb · 250 g kalte Butter
Zum Bestreichen und Bestreuen: 3 Eiweiß · 125 g Hagelzucker
Für das Backblech: Butter oder Backtrennpapier
Pro Stück etwa 365 Joule/90 Kalorien

- Vorbereitungszeit: 1 Stunde
- Ruhezeit: 1–2 Stunden
- Backzeit: etwa 10 Minuten pro Blech

So wird's gemacht: Das Mehl auf die Arbeitsfläche sieben. In die Mitte eine Mulde drücken. Den Zucker, das Salz, die Zitronenschale und das Eigelb in die Vertiefung geben, die Butter in Flöckchen auf den Mehlrand schneiden. Alles von außen nach innen mit kühlen Händen schnell zu einem glatten Teig kneten. • Den Teig in Alufolie einwickeln und 2 Stunden im Kühlschrank ruhen lassen. • Das Backblech einfetten oder mit Backtrennpapier auslegen. Den Backofen auf 200° vorheizen. • Die Arbeitsfläche mit Mehl bestäuben und den Teig zu fingerdicken Rollen formen. Die Rollen in 10 cm lange Stücke schneiden und jedes Stück zu einem S biegen. • Das Eiweiß zu halbsteifem Schnee schlagen. Die Eßle damit bestreichen, mit dem Hagelzucker bestreuen und auf das Blech legen. Die Plätzchen im Ofen auf der mittleren Schiene in etwa 10 Minuten hellgelb backen.

Punschbrezeln

Der Spruch »das geht so schnell wie's Brezenbacken« trifft für dieses Rezept sicher nicht zu. Sie brauchen schon etwas Geduld und Muße zum Formen der Brezelchen. Sie tun sich etwas leichter, wenn Sie die Teigröllchen zu kleinen Kränzen zusammenfügen.

Zutaten für etwa 50 Stück:
200 g weiche Butter · 100 g Puderzucker · 1 Prise Salz · Mark von ½ Vanilleschote · 1 Eigelb · 300 g Mehl
Für die Glasur: 1 Eiweiß · 5 Eßl. weißer Rum · 1 Teel. Zitronensaft · 200 g Puderzucker
Für das Backblech: Butter oder Backtrennpapier
Pro Stück etwa 315 Joule/75 Kalorien

- Vorbereitungszeit: 1 Stunde und 30 Minuten
- Ruhezeit: 2 Stunden
- Backzeit: 10–15 Minuten

So wird's gemacht: Die Butter in eine Schüssel geben, den Puderzucker dazusieben und mit dem Salz, dem Vanillemark und dem Eigelb cremig rühren. • Das Mehl sieben und einen Teil davon in die Crememasse rühren, den Rest unterkneten. Den Teig in Alufolie einwickeln und 2 Stunden im Kühlschrank ruhen lassen. • Das Backblech einfetten oder mit Backtrennpapier auslegen. Den Backofen auf 180° vorheizen. • Vom Teig jeweils nur ein Stück abschneiden; den Rest wieder in den Kühlschrank zurücklegen. Kalter Teig verarbeitet sich leichter. Die Arbeitsfläche mit Mehl bestäuben und aus dem Teig bleistiftdünne Stangen von etwa 15 cm rollen und diese zu Brezeln formen. Die Brezeln auf das Backblech legen und auf der mittleren Schiene des Ofens 10–15 Minuten backen. • Das Eiweiß mit dem Rum, dem Zitronensaft und dem gesiebten Puderzucker glattrühren. Die Brezeln auf dem Blech etwas abkühlen lassen und dick mit der Glasur bestreichen. Auf ein Kuchengitter legen und abtropfen lassen.

Rahmplätzchen

X

Zutaten für 50 Stück:
250 g Mehl · 1 Teel. Backpulver · 150 g saure Sahne · 175 g kalte Butter · 1 Prise Salz
Zum Bestreichen: 1 Eigelb · 1 Eßl. Dosenmilch
Zum Bestreuen: Hagelzucker
Für das Backblech: Butter oder Backtrennpapier
Pro Stück etwa 230 Joule/55 Kalorien

- Vorbereitungszeit: 40 Minuten
- Ruhezeit: 1 Stunde
- Backzeit: 10–12 Minuten pro Blech

So wird's gemacht: Das Mehl und das Backpulver auf die Arbeitsfläche sieben. In die Mitte eine Mulde drücken und die Sahne hineingeben. Die Butter in Flöckchen auf den Mehlrand schneiden, das Salz darüberstreuen. Alle Zutaten schnell mit kühlen Händen zu einem glatten Teig verkneten. Den Teig zugedeckt 1 Stunde im Kühlschrank ruhen lassen. • Das Backblech einfetten oder mit Backtrennpapier auslegen. Den Backofen auf 200° vorheizen. • Die Arbeitsfläche mit Mehl bestäuben und den Teig darauf ½ cm dick ausrollen. Runde Plätzchen ausstechen und auf das Blech legen. • Das Eigelb mit der Dosenmilch verquirlen. Die Plätzchen damit bepinseln und dick mit Hagelzucker bestreuen. Im Ofen auf der mittleren Schiene 10–12 Minuten backen. Auf einem Kuchengitter abkühlen lassen.

Gelbe Zitronenplätzchen

Zutaten für 55 Stück:
150 g feines Maismehl · 100 g Mehl ·
1 Teel. Backpulver · 100 g Butter · 100 g Zucker ·
2 Eigelbe · abgeriebene Schale von 2 unbehandelten Zitronen
Für das Backblech: Butter oder Backtrennpapier
Pro Stück etwa 170 Joule/40 Kalorien

- Vorbereitungszeit: 30 Minuten
- Ruhezeit: 30 Minuten
- Backzeit: etwa 15 Minuten pro Blech

So wird's gemacht: Das Maismehl mit dem Mehl und dem Backpulver in einer Schüssel mischen. • Die Butter in einem Topf auf dem Herd zerlassen. • Den Zucker, das Eigelb, die Zitronenschale und die zerlassene Butter zu der Mehlmischung geben und alle Zutaten zu einem glatten Teig verkneten. Den Teig zugedeckt 30 Minuten im Kühlschrank ruhen lassen. • Das Backblech einfetten oder mit Backtrennpapier auslegen. Den Backofen auf 180° vorheizen. • Die Arbeitsfläche mit Mehl bestäuben und den Teig darauf 2 mm dünn ausrollen. Aus der Teigplatte runde Plätzchen von 4–5 cm Durchmesser ausstechen, auf das Blech legen und auf der mittleren Schiene des Ofens in etwa 15 Minuten goldgelb backen. • Die Plätzchen vom Blech nehmen und auf einem Kuchengitter erkalten lassen.

Pfaffenbrot

Zutaten für 40 Stück:
250 g geschälte Mandeln · 1 Ei · 4 Eigelb ·
250 g Zucker · abgeriebene Schale von ½ unbehandelten Zitrone · 250 g Mehl
Für das Backblech: Butter
Pro Stück etwa 410 Joule/97 Kalorien

- Vorbereitungszeit: 50 Minuten
- Backzeit: 10 Minuten

So wird's gemacht: Die Mandeln nicht zu fein hacken. • Das Ei, das Eigelb, den Zucker (1 Eßlöffel zurückbehalten) und die Zitronenschale dick-cremig rühren, bis der Zucker ganz aufgelöst ist. • Die Mandeln mit 1 Eßlöffel Zucker bestreuen und in einer trockenen Pfanne unter Wenden hellgelb rösten. • Die Mandeln in die Eicreme mengen. Das Mehl eßlöffelweise unterrühren, den Rest einkneten. • Das Backblech einfetten. Den Backofen auf 180° vorheizen. • Die Arbeitsfläche leicht bemehlen und den Teig darauf etwa 3 mm dick ausrollen. Rechteckige Plätzchen ausradeln oder mit einem Förmchen ausstechen. • Die Plätzchen auf das Blech legen und auf der mittleren Schiene des Ofens 10 Minuten backen.

Pfefferkuchen

Zutaten für etwa 70 Stück:
450 g Honig · 1 Eßl. Zimt · je 1 knappen Teel. Nelkenpulver, Kardamom und gemahlenen Anis · 1 gute Messerspitze weißer Pfeffer · abgeriebene Schale von je ½ unbehandelten Zitrone und Orange · 100 g Butter · 100 g Schmalz · 1 Ei · 1 Eigelb · 200 g Zucker · 1 Teel. Pottasche · 1 Schnapsglas Kirschwasser · 500 g Roggenmehl · 250 g Weizenmehl · Milch
Für die Spritzglasur: 250 g Puderzucker · 1 Eiweiß · 1 Eßl. Zitronensaft
Für das Backblech: Butter oder Backtrennpapier
Pro Stück etwa 525 Joule/125 Kalorien

- Vorbereitungszeit: 1 Stunde und 30 Minuten
- Ruhezeit: mindestens 2 Tage
- Backzeit: 20 Minuten pro Blech

So wird's gemacht: Den Honig bei schwacher Hitze erwärmen, alle Gewürze und die Zitronen- und Orangenschale zugeben. Die Butter und das Schmalz hineinrühren. Den Topf vom Herd nehmen. • Das Ei und das Eigelb mit dem Zucker sehr schaumig schlagen und unter die lauwarme Honigmasse mischen. Die Pottasche in dem Kirschwasser auflösen und zugeben. Das Roggenmehl nach und nach dazusieben, kräftig durchrühren. Dann den Teig auf der Arbeitsfläche mit dem Weizenmehl sehr gut durcharbeiten, bis er ganz glatt ist. Den Teig zugedeckt bei Zimmertemperatur mindestens 2 Tage ruhen lassen, man kann ihn bis zu 10 Tage liegenlassen. • Vor der Weiterverarbeitung den Teig noch einmal kräftig durchkneten, sollte er zu fest sein, etwas Milch dazugeben. • Die Arbeitsfläche mit Mehl bestäuben und den Pfefferkuchenteig 1 cm dick ausrollen. Beliebige größere Figuren ausstechen und auf dem Blech im Ofen auf der mittleren Schiene 20 Minuten backen. • Die Pfefferkuchen auskühlen lassen. Für die Glasur den Puderzucker mit dem Eiweiß und dem Zitronensaft verrühren. Die Mischung in einen Spritzbeutel mit sehr kleiner Tülle oder in eine selbstgebastelte Pergamentpapiertüte mit kleiner Öffnung füllen und die erkalteten Lebkuchen damit hübsch verzieren.

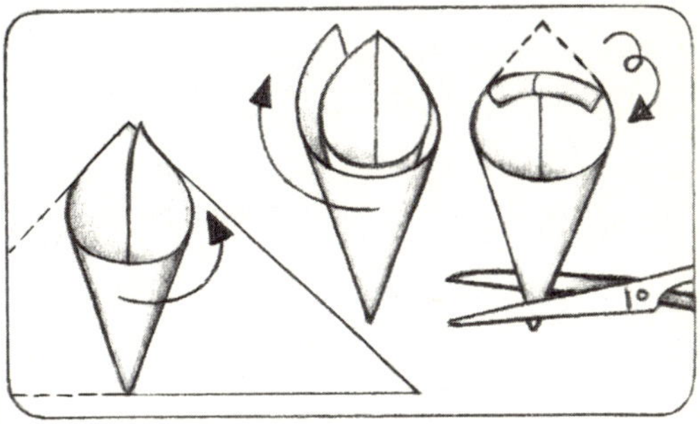

Selbstgebastelte Spritztüten aus Pergamentpapier eignen sich gut zum Spritzen feiner Muster mit einer dickflüssigen Puderzuckermischung.

Frankfurter Bethmännchen

Zutaten für 24 Stück:
300 g geschälte Mandeln · 250 g Puderzucker · 2 Eßl. Rosenwasser · 1 Teel. Zitronensaft · 2 Eßl. Speisestärke · 3 Eiweiß
Für das Backblech: Butter oder Backtrennpapier
Pro Stück etwa 500 Joule/120 Kalorien

- Vorbereitungszeit: 30 Minuten
- Ruhezeit: 2 Stunden
- Backzeit: 15 Minuten

So wird's gemacht: Von den Mandeln 36 Stück beiseite legen, die restlichen durch die Mandelmühle drehen. • Den Puderzucker zu den gemahlenen Mandeln dazusieben, das Rosenwasser, den Zitronensaft und die Speisestärke hinzufügen. • 2 Eiweiß zu steifem Schnee schlagen, zu der Mandelmischung geben und alles zu einem glatten Teig kneten. • Aus dem Teig mit leicht angefeuchteten Händen walnußgroße Kugeln formen. Das dritte Eiweiß verquirlen und die Teigkugeln mit einem Pinsel bestreichen. • Die 36 Mandeln der Länge nach halbieren. Jeweils 3 Mandelhälften so in die Kugel drücken, daß die Mandeln eine Pyramide bilden. • Das Backblech einfetten oder mit Backtrennpapier auslegen. Die Bethmännchen daraufsetzen und 2 Stunden bei Zimmertemperatur antrocknen lassen. • Den Backofen auf 140-150° vorheizen. • Die Plätzchen auf der mittleren Schiene des Ofens etwa 15 Minuten backen.

Braune Kuchen

Zutaten für etwa 150 Stück:
je 50 g Schweineschmalz und Butter ·
220 g Rübensirup · 125 g Zucker · 2 Eier ·
je ½ Teel. gemahlener weißer Pfeffer und Nelkenpulver · 1 Teel. Ingwerpulver · 2 Teel. Zimt ·
je 1 Messerspitze Kardamom, Koriander und geriebene Muskatnuß · 1 Teel. Natron ·
750 g Mehl
Für das Backblech: Butter oder Backtrennpapier
Pro Stück etwa 135 Joule/30 Kalorien

- Vorbereitungszeit: 2 Stunden
- Ruhezeit: 1 Stunde
- Backzeit: 10 Minuten pro Blech

So wird's gemacht: Das Fett, den Sirup und den Zucker in einem Topf bei schwacher Hitze schmelzen lassen. Den Topf vom Herd nehmen und die Masse so lange rühren, bis sie abgekühlt ist. • Die Eier unterrühren. Die Gewürze und das Natron mit dem Mehl mischen und nach und nach in die Sirupmasse einarbeiten. Den Teig kräftig durchkneten, dann 1 Stunde zugedeckt im Kühlschrank ruhen lassen. • Das Backblech einfetten oder mit Backtrennpapier auslegen. Den Backofen auf 180-200° vorheizen. • Die Arbeitsfläche mit Mehl bestäuben und den Teig portionsweise etwa 3 mm dick ausrollen und mit verschiedenen Formen Plätzchen ausstechen. Die Plätzchen auf das eingefettete Backblech legen und im Ofen auf der mittleren Schiene 10 Minuten backen.

Mein Tip Aus dem braunen Teig lassen sich nach selbstgemachten Schablonen auch größere Figuren ausschneiden, zum Beispiel Kometsterne, Weihnachtsmänner, Engel und allerlei Tiere, auch Platten für das Hexenhäuschen. Nach dem Backen werden die Plätzchen mit einer Puderzucker- oder Schokoladenglasur überzogen und mit bunten Zuckerstreuseln, -perlchen, Mandeln, kandierten Früchten und was Ihnen sonst noch einfällt, verziert. Oder Sie spritzen mit einer dicken Puderzuckermasse phantasievolle Ornamente auf das Gebäck. An bäuerlich geschmückten Christbäumen kommen die verzierten Figuren besonders gut zur Geltung.

Totenbeinli

Ein recht makabrer Name für die köstlichen Weihnachtsguetzli aus der Schweiz. Als meine Kinder noch klein waren, haben sie sich vor dem Namen so gegraust, daß sie das Gebäck in »Hundeknochen« umtauften.

Zutaten für 70–80 Stück:
250 g ungeschälte Mandeln · 125 g weiche Butter · 250 g Zucker · 4 Eier · ½ Teel. Zimt · 1 Messerspitze Nelkenpulver · 1 Prise Salz · 500 g Mehl · 1–2 Eiweiß
Für das Backblech: Butter oder Backtrennpapier
Pro Stück etwa 230 Joule/55 Kalorien

- Vorbereitungszeit: 1 Stunde
- Ruhezeit: 12 Stunden
- Backzeit: 10–15 Minuten pro Blech

So wird's gemacht: 50 g Mandeln durch die Mühle drehen. • Die anderen Mandeln in einer Pfanne ohne Fett leicht rösten, etwas abkühlen lassen und zwischen den Händen reiben, bis sich die braunen Häutchen lösen. Dann sehr grobhacken. • Die Butter mit dem Zucker schaumig rühren. Die Eier, die Gewürze und das Salz dazugeben und weiterrühren, bis eine cremige Masse entsteht. Die geriebenen und die gehackten Mandeln unterrühren und das Mehl nach und nach dazusieben. Zunächst einrühren, dann einkneten. • Den Teig 12 Stunden – am besten über Nacht – zugedeckt an einem kühlen Platz ruhen lassen. • Das Backblech einfetten oder mit Backtrennpapier auslegen. Den Backofen auf 200° vorheizen. • Die Arbeitsfläche mit Mehl bestäuben und den Teig 1 cm dick ausrollen. Aus der Teigplatte fingerlange und -dicke Streifen ausschneiden und auf das Blech legen. Das Eiweiß verquirlen und die Streifen sorgfältig damit bepinseln. Im Ofen auf der mittleren Schiene 10–15 Minuten backen.

Zimtsterne

Schieben Sie ein leeres Blech auf die Schiene über dem Backblech mit den Plätzchen, dann bleiben die Zimtsterne schön hell.

Zutaten für 60 Stück:
400 g ungeschälte Mandeln · 5 Eiweiß · 400 g Puderzucker · 1 Teel. Zitronensaft · 1 guter Eßl. Zimt
Zum Ausrollen: grober Zucker
Für das Backblech: Butter oder Backtrennpapier
Pro Stück etwa 295 Joule/70 Kalorien

- Vorbereitungszeit: 1 Stunde und 30 Minuten
- Backzeit: etwa 30 Minuten pro Blech

So wird's gemacht: Die Mandeln durch die Mandelmühle drehen. • Das Eiweiß zu sehr steifem Schnee schlagen. Nach und nach den Puderzucker dazusieben, einrühren und den Zitronensaft dazugeben. Die Masse so lange schlagen, bis sie glänzend und cremig ist. 4 Eßlöffel von der Eiweißmischung in ein Schüsselchen geben und für die Glasur beiseite stellen. • Die Mandeln und den Zimt unter die Creme heben. • Das Backblech gut einfetten oder mit Backtrennpapier auslegen. Den Backofen auf 140° vorheizen. • Die Arbeitsfläche mit grobem Zucker bestreuen und den Teig 1 cm dick ausrollen. Mit einem Förmchen Sterne ausstechen. Die Form zwischendurch immer wieder in kaltes Wasser tauchen. • Die Zimtsterne auf das Blech heben und mit der zurückbehaltenen Eiweißcreme bestreichen. Im Ofen auf der mittleren Schiene in 30 Minuten mehr trocknen als backen.

Haselnußmakronen

Zutaten für 40 Stück:
250 g Haselnußkerne · 4 Eiweiß · 125 g Zucker · 125 g Puderzucker · 1 Teel. Zitronensaft
Für das Backblech: Butter oder Backtrennpapier
Pro Stück etwa 295 Joule/70 Kalorien

- Vorbereitungszeit: 1 Stunde
- Ruhezeit: 30 Minuten
- Backzeit: etwa 15 Minuten pro Blech

So wird's gemacht: Die Haselnüsse durch die Mandelmühle drehen. • Das Eiweiß zu sehr steifem Schnee schlagen. Den Zucker einrieseln lassen und den Puderzucker dazusieben. Alles zu einer cremigen Masse schlagen und davon 1 Tasse beiseite stellen. • Die Nüsse und den Zitronensaft unter den größeren Teil der Schaummasse mischen. 30 Minuten quellen lassen. • Ein Backblech sehr gut mit Butter bestreichen oder mit Backtrennpapier auslegen. Den Backofen auf 140–160° vorheizen. • Mit zwei nassen Teelöffeln ovale Häufchen aus dem Teig formen und auf das Blech setzen. Während des Arbeitsvorgangs die Löffel immer wieder in kaltes Wasser tauchen. In jedes Häufchen längs eine Kerbe drücken und mit etwas zurückbehaltener Schaummasse füllen. • Im Backofen auf der mittleren Schiene 10–15 Minuten backen.

Variante: Aus dem Nußteig runde Häufchen formen und in die Mitte 1 ganze Haselnuß drücken.

Zedernbrot

Dieses Gebäck erfreut sich auf den bunten Tellern zur Weihnachtszeit besonderer Beliebtheit, weil es neben den anderen sehr süßen Plätzchen erfrischend herb schmeckt.

Zutaten für 70 Stück:
375 g ungeschälte Mandeln · 1½ unbehandelte Zitronen · 375 g Puderzucker · 2 Eiweiß
Für die Glasur: Saft von ½ Zitrone · Puderzucker
Für das Backblech: Butter oder Backtrennpapier
Pro Stück etwa 250 Joule/60 Kalorien

- Vorbereitungszeit: 1 Stunde
- Backzeit: etwa 25 Minuten pro Blech

So wird's gemacht: Die Mandeln durch die Mandelmühle drehen. • Die Schale von 1 Zitrone abreiben und den Saft von 1½ Zitronen auspressen. Den Zitronensaft und die abgeriebene Schale zu den Mandeln in eine Schüssel geben. Den Puderzucker dazusieben und alles gut mischen. Das Eiweiß zu sehr steifem Schnee schlagen und unter die Mandelmasse heben. • Das Backblech einfetten oder mit Backtrennpapier auslegen. Den Backofen auf 160° vorheizen. • Die Mandelmasse auf der Arbeitsfläche ½ cm dick ausrollen. Sollte der Teig zu klebrig sein, noch etwas Puderzucker untermischen. Aus der Teigplatte mit einem entsprechenden Förmchen Halbmonde ausstechen und diese auf das Backblech legen. • Das Blech auf die mittlere Schiene des Ofens schieben und die Plätzchen 25 Minuten backen. Die noch weichen Plätzchen auf dem Kuchengitter auskühlen lassen. • Den Zitronensaft mit so viel Puderzucker verrühren, daß eine dickliche Creme entsteht. Die Plätzchen mit der Zitronenglasur überziehen.

Mein Tip Mandeln und Nüsse können Sie bereits gemahlen in vielen Läden kaufen. Besser ist es aber, Nuß- und Mandelkerne aus der letzten Ernte vor dem Verbrauch selbst durch die Mandelmühle zu drehen. Dabei sparen Sie Geld und haben wirklich frische Ware.

Fingerkolatschen

Bild Seite 9

»Kolatschen« ist eine Bezeichnung aus dem Böhmischen für verschiedene Gebäckarten. Diese nennt man Fingerkolatschen, weil man vor dem Backen mit dem Finger Vertiefungen in die Plätzchen drückt, die später mit Marmelade gefüllt werden.

Zutaten für 80 Stück:
140 g geschälte Mandeln · 330 g Mehl · 140 g Zucker · 330 g kalte Butter
Zum Füllen: 250 g Himbeermarmelade
Zum Besieben: Puderzucker
Für das Backblech: Butter oder Backtrennpapier
Pro Stück etwa 335 Joule/80 Kalorien

- Vorbereitungszeit: 1 Stunde und 30 Minuten
- Ruhezeit: 2 Stunden
- Backzeit: 10 Minuten pro Blech

So wird's gemacht: Die Mandeln durch die Mandelmühle drehen. • Das Mehl auf die Arbeitsfläche sieben, mit den Mandeln und dem Zucker mischen. Die Butter in Flöckchen darüberschneiden. Alles mit kühlen Händen schnell zu einem glatten Teig kneten. • In Alufolie einwickeln und 2 Stunden im Kühlschrank ruhen lassen. • Den Backofen auf 180° vorheizen. Das Backblech einfetten oder mit Backtrennpapier auslegen. Aus dem Teig walnußgroße Kugeln formen und nicht zu dicht nebeneinander auf das Blech setzen. Jede Teigkugel in der Mitte mit dem Finger leicht eindrücken. • Die Kolatschen auf der mittleren Schiene des Ofens etwa 10 Minuten backen. • Die noch heißen Plätzchen jeweils mit ½ Teelöffel Himbeermarmelade füllen und mit Puderzucker besieben.

Mein Tip Manchmal laufen die Plätzchen aus unterschiedlichen Gründen beim Backen etwas stärker auseinander und die Vertiefung in der Mitte verschwindet. Drücken Sie einfach in die noch heißen Kolatschen mit einem dikken Holzlöffelstiel erneut eine Vertiefung hinein.

Brunsli

Die Plätzchen sind besonders in der deutschsprachigen Schweiz ein beliebtes Weihnachtsgebäck. Man kann sie statt mit Mandeln auch mit Haselnußkernen zubereiten.

Zutaten für 40 Stück:
250 g ungeschälte Mandeln · 125 g Blockschokolade · 2 Eiweiß · 250 g Zucker · ½ Teel. Zimt · 1 Messerspitze Nelkenpulver · 1–2 Eßl. Kirschwasser
Zum Ausrollen: Zucker
Für das Backblech: Butter oder Backtrennpapier
Pro Stück etwa 355 Joule/85 Kalorien

- Vorbereitungszeit: 50 Minuten
- Backzeit: 10 Minuten pro Blech

So wird's gemacht: Die Mandeln durch die Mandelmühle drehen. Die Schokolade feinreiben. • Das Eiweiß mit dem Zucker und mit den Gewürzen schaumig schlagen, es soll kein Schnee daraus werden. Die Mandeln, die Schokolade und das Kirschwasser hinzufügen und alles zu einem glatten Teig verarbeiten. • Das Backblech einfetten oder mit Backtrennpapier auslegen. Den Backofen auf 160° vorheizen. • Die Arbeitsfläche mit Zucker ausstreuen und den Teig ¾ cm dick ausrollen. Mit verschiedenen einfachen Formen Plätzchen ausstechen. Die

Brunsli auf das Blech legen und auf der mittleren Schiene des Ofens etwa 10 Minuten backen. Die Plätzchen auf dem Blech etwas abkühlen lassen, auf ein Kuchengitter heben und ganz auskühlen lassen. Sofort in gut verschließbare Dosen verpacken.

Nußprinten

Zutaten für 20 Stück:
125 g Zuckerrüben-Sirup · 50 g Zucker · 50 g Butter · 2 Eßl. Milch · 50 g brauner Kandiszucker · 250 g Mehl · 1 gehäufter Teel. Backpulver · 200 g Haselnüsse · je ½ Teel. gemahlenen Anis, Nelkenpulver und Zimt
Für die Glasur: 100 g Kuvertüre
Für das Backblech: Butter oder Backtrennpapier
Pro Stück etwa 915 Joule/220 Kalorien

- Vorbereitungszeit: 1 Stunde
- Backzeit: 10–15 Minuten pro Blech

So wird's gemacht: Den Sirup mit dem Zucker, der Butter und der Milch bei schwacher Hitze unter Rühren zu einer glatten Masse kochen. Die Mischung in eine Schüssel geben und fast erkalten lassen, dabei öfter umrühren. • Den Kandiszucker im Mörser in kleine Stücke schlagen. Das Mehl mit dem Backpulver in einer Schüssel mischen. Die Haselnüsse halbieren. • Die Gewürze und den Kandiszucker in die Sirupmasse rühren, nach und nach ⅔ der Mehlmischung einarbeiten. Das restliche Mehl mit dem Teigbrei verkneten. • Die Arbeitsfläche mit Mehl bestäuben und den Teig ½ cm dick ausrollen. In etwa 2 cm breite und 6–8 cm lange Rechtecke schneiden. • Das Backblech einfetten oder mit Backtrennpapier auslegen. Den Backofen auf 180–200° vorheizen. • Die Plätzchen auf das Backblech geben und dicht mit den halbierten Nüssen belegen, die Nüsse dabei sanft in den Teig drücken. Die Printen auf der mittleren Schiene des Ofens 10–15 Minuten backen. • Die Printen auf einem Kuchengitter auskühlen lassen. Die Kuvertüre im Wasserbad schmelzen lassen und die erkalteten Printen damit überziehen.

Mein Tip Wenn die Kuvertüre getrocknet ist, können Sie die Printen zusätzlich mit einer dicken weißen Puderzuckerglasur nach Belieben verzieren.

Feine Nürnberger Lebkuchen

Zutaten für 20 Stück:
je 125 g ungeschälte Mandeln und Haselnüsse · 3 Eier · 200 g Farinzucker · 1 Teel. Zimt · ½ Teel. Nelkenpulver · 1 Prise Muskatblüte · abgeriebene Schale von ½ unbehandelten Zitrone · 1 Eßl. Rum · je 75 g feingewürfeltes Zitronat und Orangeat · 50 g Speisestärke · 20 runde Oblaten von etwa 5 cm Durchmesser
Für die Glasur: 100 g Puderzucker · 1 Eßl. Rum · 1 Eßl. Zitronensaft
Pro Stück etwa 775 Joule/185 Kalorien

- Vorbereitungszeit: 1 Stunde
- Ruhezeit: 12 Stunden
- Backzeit: 20 Minuten pro Blech

So wird's gemacht: Die Mandeln und die Haselnüsse durch die Mandelmühle drehen. • Die Eier mit dem Zucker sehr schaumig rühren. Die Gewürze, die Zitronenschale und den Rum dazugeben. Die Mandeln, die Nüsse, das Zitronat und das Orangeat hineinrühren. Zuletzt die Speisestärke untermischen. • Den Teig 12 Stunden – am besten über Nacht – zugedeckt an einem kühlen Platz ruhen lassen. • Den Backofen auf 160° vorheizen. • Den Teig hügelförmig auf die Oblaten streichen und auf das Blech heben. Die Lebkuchen auf der mittleren Schiene des Ofens etwa 20 Minuten backen. • Das Gebäck auf dem Kuchengitter abkühlen lassen. Den Puderzucker mit dem Rum und dem Zitronensaft glattrühren. Die Lebkuchen mit der Glasur überziehen.

Mein Tip Sie können die Hälfte der Lebkuchen dick mit aufgelöster Kuvertüre bestreichen und bunte Zuckerperlen darüberstreuen. Dann nur das halbe Rezept der Puderzuckerglasur herrichten.

Fruchtmakronen

Zutaten für 20 Stück:
125 g getrocknete Früchte (Feigen, Aprikosen, Sultaninen, Datteln) · 100 g geschälte Mandeln · 2 Eiweiß · 100 g Puderzucker · 1 Messerspitze Zimt · abgeriebene Schale von 1 unbehandelten Zitrone
Für das Backblech: Butter · Mehl oder Backtrennpapier
Pro Stück etwa 285 Joule/70 Kalorien

- Vorbereitungszeit: 30 Minuten
- Backzeit: etwa 30 Minuten

So wird's gemacht: Die Trockenfrüchte sehr fein würfeln. • Die Mandeln durch die Mandelmühle drehen. • Das Eiweiß zu steifem Schnee schlagen, nach und nach den Puderzucker dazusieben und mit dem Zimt und der Zitronenschale würzen. • Das Backblech einfetten, leicht mit Mehl bestäuben oder mit Backtrennpapier auslegen. Den Backofen auf 160° vorheizen. • Die zerkleinerten Trockenfrüchte und die gemahlenen Mandeln sanft unter die Eischneemasse mischen. Mit 2 nassen Teelöffeln Makronen formen und auf das Blech setzen. Die Plätzchen auf der mittleren Schiene des Ofens etwa 30 Minuten backen.

Springerle

Das urschwäbische Weihnachtsgebäck darf auf keinem bunten Teller der »Schwabeleut« fehlen. Es gehört dort zur guten alten Tradition.

Zutaten für 40 Stück:
2 Eier · 200 g Puderzucker · abgeriebene Schale von 1 unbehandelten Zitrone · 275 g Mehl · 1 Messerspitze Backpulver
Für das Backblech: Butter oder Backtrennpapier · 2 Eßl. Anissamen
Pro Stück etwa 200 Joule/50 Kalorien

- Vorbereitungszeit: 1 Stunde und 20 Minuten
- Ruhezeit: 24 Stunden
- Backzeit: 20 Minuten pro Blech

So wird's gemacht: Die Eier in eine Schüssel schlagen, den Puderzucker dazusieben und beides schaumig rühren. Die Masse so lange schlagen, bis eine dicke fast weiße Creme entsteht. Die Zitronenschale hinzufügen. • Das Mehl mit dem Backpulver mischen und zum Teil in die Schaummasse sieben, den Rest unterkneten. • Die Arbeitsfläche mit Mehl bestäuben und den Teig knapp 1 cm dick ausrollen. Die Modeln mit Mehl bestäuben und fest in die Teigplatte drükken. So fortfahren, bis die ganze Teigplatte bedruckt ist. Dabei anhaftende Teigreste aus den Modeln sorgfältig entfernen und die Formen erneut mit Mehl bestäuben. • Die Plätzchen einzeln mit einem scharfen Messer oder einem Teigrädchen ausschneiden, überschüssiges Mehl mit einem weichen Backpinsel entfernen. • Das

Backblech einfetten oder mit Backtrennpapier auslegen und mit dem Anissamen bestreuen. Die Springerle darauflegen und mit einem Tuch bedeckt 24 Stunden bei Zimmertemperatur ruhen lassen. • Den Backofen auf 160° vorheizen. • Die Springerle mit Pergamentpapier bedeckt auf der mittleren Schiene des Ofens in etwa 20 Minuten hell backen.

Mein Tip Es ist empfehlenswert, die Plätzchen einige Wochen vor Weihnachten zu backen und in gut schließenden Dosen aufzubewahren. Sie kommen knusperhart aus dem Ofen und werden erst nach einiger Zeit weich.
Besonders gut gelungene Springerle sind ein wunderschöner Christbaumschmuck, wenn man sie mit Speisefarben bunt bemalt.

Vanillekipferl

Bild 3. Umschlagseite

Rezepte für berühmte Plätzchen aufzuschreiben, bringt mich zuweilen ein wenig in Bedrängnis. Von überall her schicken mir Freunde »das« alte Original-Familienrezept. Bei den Kipferln wichen die Notizen nur geringfügig voneinander ab. Kernfrage bleibt: Kommen die Mandeln geschält oder mit der Schale in den Teig? Den Testern und mir schmecken beide Versionen!

Zutaten für 60 Stück:
100 g Mandeln · 300 g Mehl · 2 Eigelbe · 100 g Zucker · 1 Prise Salz · Mark von 1 Vanilleschote oder 2 Päckchen Vanillinzucker · abgeriebene Schale von ¼ unbehandelten Zitrone · 200 g kalte Butter
Zum Bestreuen: 100 g Puderzucker · 3–4 Päckchen Vanillinzucker
Für das Backblech: Butter oder Backtrennpapier
Pro Stück etwa 315 Joule/75 Kalorien

- Vorbereitungszeit: 1 Stunde und 30 Minuten
- Ruhezeit: 1 Stunde
- Backzeit: 15 Minuten pro Blech

So wird's gemacht: Die Mandeln feinmahlen. • Das Mehl auf die Arbeitsfläche sieben. Das Eigelb, den Zucker, das Salz, das Vanillemark oder den Vanillinzucker und die Zitronenschale in die Mitte geben und mit einem Teil des Mehls zu einem dicken Brei rühren. Die Mandeln und die Butter in Flöckchen darüber verteilen. Alles mit dem Messer durchhacken und dann mit kühlen Händen schnell zu einem Teig verkneten. • Den Teig in Alufolie einwickeln und 1 Stunde im Kühlschrank ruhen lassen. • Das Backblech einfetten oder mit Backtrennpapier auslegen. Den Backofen auf 180° vorheizen. • Die Arbeitsfläche mit Mehl bestäuben. Vom Teig etwa walnußgroße Stücke abteilen. Aus diesen auf der Arbeitsfläche etwa 6 cm lange Rollen formen und dann zu Hörnchen biegen. Die Kipferl auf das Blech legen und im Ofen auf der mittleren Schiene 15 Minuten backen. • Den Puderzucker mit dem Vanillinzucker mischen und die Hälfte auf eine große Platte sieben. Die warmen Kipferl auf die Platte legen, mit der restlichen Zuckermischung bedecken und auskühlen lassen.

Mein Tip Vanillepuderzucker kann man auch selbst herstellen. Dazu 2 Vanilleschoten der Länge nach aufschlitzen, das Mark herausstreifen, mit 500 g Puderzucker vermischen, mit den ausgeschabten Schoten in einem gut verschlossenen Glas aufbewahren.

Pfaffenhütchen

Bild Seite 48

Zutaten für 65 Stück:
500 g Mehl · 200 g Zucker · 4 Eigelb · abgeriebene Schale von 1 unbehandelten Zitrone · 1 Prise Salz · 1 Eßl. Arrak · 300 g kalte Butter
Für die Füllung: 75 g geschälte Mandeln · 1 Eiweiß · 75 g Zucker
Zum Bestreichen: 1 Eiweiß · 1 Eigelb · 1 Eßl. Dosenmilch
Für das Backblech: Butter oder Backtrennpapier
Pro Stück etwa 400 Joule/95 Kalorien

- Vorbereitungszeit: 1 Stunde und 30 Minuten
- Ruhezeit: 1 Stunde
- Backzeit: 20 Minuten pro Blech

So wird's gemacht: Das Mehl auf die Arbeitsfläche sieben. In die Mitte eine Mulde drücken. In die Vertiefung den Zucker, das Eigelb, die Zitronenschale, das Salz und den Arrak geben. Die Butter in Flöckchen auf den Mehlrand schneiden. Alles mit kühlen Händen zu einem glatten Teig kneten. • Den Teig zugedeckt 1 Stunde im Kühlschrank ruhen lassen. • Die Mandeln durch die Mandelmühle drehen. • Das Eiweiß mit dem Zucker zu einer festen Baisermasse schlagen und die Mandeln unterheben. • Die Arbeitsfläche mit Mehl bestäuben, den Mürbeteig etwa 3 mm dick ausrollen und runde Plätzchen von etwa 5 cm Durchmesser ausstechen. Jeweils ½ Teelöffel der Mandelmasse in die Mitte geben. Die Ränder der Plätzchen mit Eiweiß bestreichen und von 3 Seiten über der Füllung zusammendrücken. • Das Backblech vorbereiten. Den Backofen auf 200° vorheizen. • Das Eigelb mit der Dosenmilch verrühren und die Hütchen damit bepinseln, auf das Backblech setzen und im Ofen auf der mittleren Schiene in 20 Minuten goldgelb backen.

Zimmetplätzlein

Zutaten für 50 Stück:
280 g Mehl · 2 Eßl. Zimt · 140 g Puderzucker · 2 Eier · 1 Eiweiß · 140 g kalte Butter
Zum Bestreichen: 1 Eigelb · 1 Eßl. Rum
Für das Backblech: Butter oder Backtrennpapier
Pro Stück etwa 250 Joule/60 Kalorien

- Vorbereitungszeit: 45 Minuten
- Ruhezeit: 1 Stunde
- Backzeit: 10–15 Minuten pro Blech

So wird's gemacht: Das Mehl auf die Arbeitsfläche sieben. In die Mitte eine Mulde drücken. Den Zimt, den Puderzucker, die Eier und das Eiweiß in die Vertiefung geben und mit etwas Mehl verrühren. Die Butter in Flöckchen auf den Mehlrand schneiden. Alles von außen nach innen mit kühlen Händen zu einem glatten Teig kneten. Den Teig in Alufolie einwickeln oder in einer Schüssel zugedeckt 1 Stunde im Kühlschrank ruhen lassen. • Das Backblech einfetten oder mit Backtrennpapier auslegen. Den Backofen auf 180° vorheizen. • Die Arbeitsfläche mit Mehl bestäuben und den Teig ½ cm dick ausrollen. Aus der Teigplatte mit dem Teigrädchen Romben ausradeln oder mit Förmchen runde Plätzchen, Sterne oder Herzen ausstechen und auf das Backblech legen. • Das Eigelb mit dem Rum verrühren und die Plätzlein damit bepinseln. Auf der mittleren Schiene des Ofens 10–15 Minuten backen.

Walnußstanitzel

Bild nebenstehend

Das raffinierte Rezept brachte mir Jo aus Oklahoma unter dem Namen »Indianerkonfekt« mit. Ich muß wohl etwas skeptisch geschaut haben, denn Jo gestand mir nach kurzer Zeit schmunzelnd, daß seine Vorfahren Donauschwaben waren. Aber wer kann schon in Oklahoma-City so leicht Walnußstanitzel aussprechen.

Zutaten für etwa 70 Stück:
250 g Mehl · 4 Eigelb · 3 Eßl. saure Sahne · 250 g kalte Butter
Für die Füllung: 250 g Walnußkerne · 4 Eiweiß · 250 g Zucker
Pro Stück etwa 360 Joule/85 Kalorien

- Vorbereitungszeit: 1 Stunde und 30 Minuten
- Ruhezeit: 12 Stunden
- Backzeit: etwa 20 Minuten pro Blech

So wird's gemacht: Das Mehl auf die Arbeitsfläche sieben. In die Mitte eine Mulde drücken. Das Eigelb mit der Sahne verquirlen und in die Vertiefung geben. Die Butter in Flöckchen auf den Mehlrand schneiden. Alles schnell mit kühlen Händen zu einem glatten Teig kneten. • Aus dem Teig 35 Kugeln formen, über Nacht auf einer Platte mit Alufolie zugedeckt im Kühlschrank ruhen lassen. • Die Walnußkerne grobhacken. Das Eiweiß steifschlagen. Den Zucker einrieseln lassen und weiterschlagen, bis eine cremige Masse entsteht. Die Walnüsse einrühren. • Den Backofen auf 180° vorheizen. • Die Arbeitsfläche mit Mehl bestäuben und die Teigkugeln darauf dünn rund ausrollen und halbieren. In die Mitte jeweils ein Häufchen Nußfüllung geben und die Teigflecke zu Tüten aufrollen. Die Nußstanitzel auf das ungefettete Backblech legen und im Ofen auf der mittleren Schiene etwa 20 Minuten backen.

Pignolikrapferl

Pignoli ist der italienische Name für Pinienkerne. In Österreich werden sie häufig anstelle von Mandelstiften zur Verzierung von Plätzchen oder Honigkuchen genommen.

Zutaten für 20 Stück:
140 g geschälte Mandeln · 3 Eiweiß · 140 g Zucker · abgeriebene Schale von ½ unbehandelten Zitrone · 80 g Pinienkerne
Für das Backblech: Butter oder Backtrennpapier
Pro Stück etwa 545 Joule/130 Kalorien

- Vorbereitungszeit: 35 Minuten
- Ruhezeit: 30 Minuten
- Backzeit: 20–25 Minuten

So wird's gemacht: Die Mandeln durch die Mandelmühle drehen. • 2 Eiweiß zu steifem Schnee schlagen, den Zucker, die Zitronenschale und die Mandeln untermischen. Die Teigmasse zugedeckt 30 Minuten in den Kühlschrank stellen. • Das Backblech einfetten oder mit Backtrennpapier auslegen. Den Backofen auf 150–160° vorheizen. • Aus dem Teig etwa walnußgroße Kugeln formen. Das dritte Eiweiß leicht schlagen, die Kugeln darin wenden und dann sanft in die Pinienkerne drücken. Die Krapferl auf das Blech setzen und im Ofen auf der mittleren Schiene 20–25 Minuten backen.

Die köstlichen Walnußstanitzel gelingen mit Hilfe dieser Bilder (von links nach rechts) auch Ungeübten ganz leicht: Aus den angegebenen Zutaten einen Mürbteig kneten und kühl stellen. Daraus dann Kugeln formen und diese ruhen lassen. Aus Walnüssen, Eiweiß und Zucker die Füllung zubereiten. Die Teigkugeln dünn ausrollen und halbieren. Auf jede Hälfte etwas Nußfüllung geben, die Teigflecken zu Tüten aufrollen und backen. Rezept auf dieser Seite. ▷

Amerikanische Ingwerschnitten

Bild nebenstehend

Ingwerpflaumen sind nicht die Früchte der Ingwerstaude, sondern die in Zucker eingelegten pflaumengroßen Stücke der jungen Ingwerwurzel. Man kann sie als Konfekt naschen oder zerkleinert für Gebäck und Süßspeisen verwenden.

Zutaten für etwa 30 Stück:
3 kandierte Ingwerpflaumen · 150 g weiche Butter · 100 g Zucker · 1 Ei · 1 Prise Salz · ½ Teel. Ingwerpulver · 300 g Mehl
Für den Belag: 3 kandierte Ingwerpflaumen · 1 Eigelb
Für das Backblech: Butter oder Backtrennpapier
Pro Stück etwa 440 Joule/105 Kalorien

- Vorbereitungszeit: 1 Stunde
- Ruhezeit: 2 Stunden
- Backzeit: 15 Minuten pro Blech

So wird's gemacht: 3 Ingwerpflaumen kleinschneiden und dann feinhacken, die anderen 3 für den Belag in kleine Würfel schneiden. • Die Butter mit dem Zucker, dem Ei, dem Salz und dem Ingwerpulver gut verrühren, den gehackten Ingwer untermischen. Das Mehl darübersieben und alles schnell zu einem glatten Teig verkneten. Den Teig zu einer Kugel formen, in Alufolie einwickeln und zwei Stunden im Kühlschrank ruhen lassen. • Das Backblech einfetten oder mit Backtrennpapier auslegen. Den Backofen auf 200° vorheizen. • Den Teig in 3 Teile teilen. • Die Arbeitsfläche mit Mehl bestäuben und die Drittel nacheinander ½ cm dick ausrollen. Aus den Teigplatten Rechtecke von 4 × 7 cm Größe schneiden und auf das Blech legen. • Das Eigelb mit etwas Wasser verquirlen. Die Plätzchen damit bestreichen und mit den Ingwerwürfelchen bestreuen. Die Ingwerschnitten im Ofen auf der mittleren Schiene 15 Minuten backen. • Die Plätzchen mit einem breiten Messer vom Blech heben und auf einem Kuchengitter auskühlen lassen.

◁ Herb-würzig und etwas exotisch schmecken die amerikanischen Ingwerschnitten. Rezept auf dieser Seite.

Mailänderli

Die mürben Butterplätzchen sind keine Spezialität aus Mailand, sondern eine Art National-Weihnachtsgebäck der Schweizer. Demnach müßten sie eigentlich Zürcherli oder Bernerli heißen.

Zutaten für 100 Stück:
250 g weiche Butter · 250 g Zucker · 3 Eier · 1 Prise Salz · abgeriebene Schale von 1 unbehandelten Zitrone · 500 g Mehl
Zum Bestreichen: 2 Eigelbe · 2 Eßl. Dosenmilch
Für das Backblech: Butter oder Backtrennpapier
Pro Stück etwa 210 Joule/50 Kalorien

- Vorbereitungszeit: 1 Stunde und 30 Minuten
- Ruhezeit: 1 Stunde
- Backzeit: 10–15 Minuten pro Blech

So wird's gemacht: Die Butter geschmeidig rühren. • Den Zucker, die Eier, das Salz und die Zitronenschale nach und nach dazugeben und weiterrühren, bis die Masse schaumig ist. • Einen Teil des Mehls portionsweise dazusieben und einrühren, den Rest darunterkneten. Den Teig in eine Schüssel geben und zugedeckt im Kühlschrank 1 Stunde ruhen lassen. • Das Backblech einfetten oder mit Backtrennpapier auslegen. Den Backofen auf 200° vorheizen. • Die Arbeitsfläche mit Mehl bestäuben und den Teig darauf 3-5 mm dünn ausrollen. Mit Förmchen Herzen, Sterne, Halbmonde oder andere kleine einfache Figuren ausstechen und auf das Blech legen. Das Eigelb mit der Dosenmilch verquirlen und die Plätzchen damit bepinseln. Die Mailänderli im Ofen auf der mittleren Schiene 10-15 Minuten backen.

Mein Tip Nehmen Sie immer nur so viel Teig aus dem Kühlschrank, wie Sie ungefähr zum Belegen für ein Backblech brauchen. Warmer Teig läßt sich schlecht ausrollen.

Dänischer Julkuchen

Zutaten für 35-40 Stück:
200 g weiche Butter · 125 g Zucker · 1 Ei · 300 g Mehl · 1 Teel. Backpulver · ½ Teel. Salz · 50 g geschälte Mandeln · 2-3 Teel. Zimt · 2-3 Teel. grober Zucker · 1 Eiweiß
Für das Backblech: Butter oder Backtrennpapier
Pro Stück etwa 375 Joule/90 Kalorien

- Vorbereitungszeit: 50 Minuten
- Ruhezeit: 3 Stunden
- Backzeit: 8-10 Minuten pro Blech

So wird's gemacht: Die Butter mit dem Zucker schaumig rühren, das Ei dazugeben. • Das Mehl mit dem Backpulver sieben, mit dem Salz mischen und etwa die Hälfte der Mehlmischung unter die Buttermasse rühren, den Rest einkneten. Den Teig in Alufolie wickeln und 3 Stunden im Kühlschrank ruhen lassen. • Die Mandeln grobhacken. • Den Zimt mit dem Zucker mischen. • Das Backblech einfetten oder mit Backtrennpapier auslegen. Den Backofen auf 200° vorheizen. • Die Arbeitsfläche mit Mehl bestäuben und den Teig darauf etwa 3 mm dünn ausrollen. Runde Plätzchen von etwa 5 cm Durchmesser ausstechen und auf das Blech legen. • Das Eiweiß leicht schlagen und die Plätzchen damit bepinseln, mit dem Zimtzucker und den Mandeln bestreuen. Im Ofen auf der mittleren Schiene 8-10 Minuten backen.

Spekulatius

Wenn Sie ungeduldig sind, wagen Sie sich bitte nicht an die Spekulatius-Bäckerei heran, es sei denn, Sie stechen den ausgerollten Teig mit beliebigen Formen aus. Der Umgang mit den typischen Holzmodeln verlangt Fingerspitzengefühl und viel Zeit. Der Lohn dafür: Das traditionelle Weihnachtsgebäck in seiner ursprünglichen Form.

Zutaten für etwa 120 Stück:
100 g ungeschälte Mandeln · 50 g brauner Kandiszucker · 500 g Mehl · 250 g Zucker · 2 Eier · 1 Teel. Zimt · je 2 Messerspitzen Nelkenpulver, Kardamom und geriebene Muskatnuß · 1 Prise Salz · 250 g kalte Butter
Für das Backblech: Butter oder Backtrennpapier
Pro Stück etwa 190 Joule/45 Kalorien

- Vorbereitungszeit: 3 Stunden
- Ruhezeit: 2-3 Stunden
- Backzeit: etwa 10 Minuten pro Blech

So wird's gemacht: Die Mandeln durch die Mandelmühle drehen. Den Kandiszucker im Mörser zerstoßen. • Das Mehl auf die Arbeitsfläche sieben, in die Mitte eine Mulde drücken. Den Zucker, die Eier, den Kandiszucker, alle Gewürze und das Salz in die Vertiefung geben. Die Butter in kleinen Stücken auf den Mehlrand schneiden. Alles von außen nach innen mit kühlen Händen schnell zu einem geschmeidigen Teig kneten. Den Teig in Alufolie einwickeln und 2-3 Stunden im Kühlschrank ruhen lassen. • Das Backblech einfetten oder mit Backtrennpapier auslegen. Den Backofen auf 180° vorheizen. • Die Modeln ganz leicht mit Mehl bestäuben. Kleine Teigstücke in die Holzmodeln drükken. Den überstehenden Teig entlang der Modeln abschneiden. • Die Teigfiguren mit leichtem Klopfen auf das Blech stürzen. Anhaftendes Mehl mit einem weichen Pinsel entfernen. Die Spekulatius auf der mittleren Schiene des Ofens 10 Minuten backen.

Mein Tip Wenn Sie die Spekulatius ausstechen wollen, rollen Sie den Teig vorher auf der bemehlten Arbeitsfläche etwa 2 mm dick aus. Bei älteren, schon oft gebrauchten Modeln entfällt das Bemehlen vor dem Ausformen. Die Holzporen sind geschlossen, so daß der Teig nicht mehr ankleben kann.

Schmalztaler

Zutaten für 75 Stück:
250 g Mehl · 75 g Butter · 75 g Schweineschmalz · 80 g Zucker · 1 Prise Salz · abgeriebene Schale von ¼ unbehandelten Zitrone · 1 Ei
Zum Wenden: 50 g Zucker · 1 Teel. Zimt · 1 Ei
Für das Backblech: Butter oder Backtrennpapier
Pro Stück etwa 165 Joule/40 Kalorien

- Vorbereitungszeit: 30 Minuten
- Ruhezeit: 1 Stunde
- Backzeit: etwa 12 Minuten pro Blech

So wird's gemacht: Das Mehl auf die Arbeitsfläche sieben und in die Mitte eine Mulde drücken. Die Butter in Stückchen, das Schmalz, den Zukker, das Salz, die Zitronenschale und das Ei in die Vertiefung geben. Alles mit dem Messer durchhacken und dann mit kühlen Händen zu einem glatten Teig verkneten. Den Teig zu einer Kugel formen, in eine Schüssel geben und zugedeckt 1 Stunde im Kühlschrank ruhen lassen. • Die Arbeitsfläche mit Mehl bestäuben. Den Teig nochmals durchkneten und zu 3 Rollen von je 25 cm Länge formen. • Den Zucker mit dem Zimt mischen. Das Ei mit einer Gabel verquirlen. Den Backofen auf 175° vorheizen. Das Backblech einfetten oder mit Backtrennpapier auslegen. • Die Teigrollen rundherum mit dem Ei bestreichen, im Zimtzucker wenden und in 1 cm dicke Scheiben schneiden. Die Taler auf das Blech legen, dabei etwas nachformen und auf der mittleren Schiene des Ofens in etwa 12 Minuten hellbraun backen.

Urgroßmutters Mandelschnitten

X

Bild Seite 38

Zutaten für etwa 60 Stück:
375 g Mehl · 50 g Zucker · 1 Ei · 250 g Butter
Für den Belag: 250 g geschälte Mandeln · 4 Eiweiß · 250 g Zucker
Zum Ausrollen: Mehl
Für das Backblech: Butter oder Backtrennpapier
Pro Stück etwa 440 Joule/105 Kalorien

- Vorbereitungszeit: 50 Minuten
- Ruhezeit: 1-2 Stunden
- Backzeit: 15-20 Minuten pro Blech

So wird's gemacht: Das Mehl auf die Arbeitsfläche sieben. In die Mitte eine Mulde drücken.

Den Zucker und das Ei in die Vertiefung geben, die Butter in Flöckchen auf den Mehlrand schneiden. Alles schnell zu einem glatten Teig kneten. Den Teig in Alufolie verpackt 1-2 Stunden im Kühlschrank ruhen lassen. • Die Mandeln nicht zu fein hacken. • Das Eiweiß zu sehr steifem Schnee schlagen. Den Zucker einrieseln lassen und weiterschlagen, bis eine cremige Masse entsteht. Die Mandeln untermischen. • Den Mürbteig auf der leicht bemehlten Arbeitsfläche ½ cm dick ausrollen und in etwa 3 × 6 cm große Rechtecke ausschneiden oder ausradeln. • Das Backblech einfetten oder mit Backtrennpapier auslegen. Den Backofen auf 180° vorheizen. • Die Teigrechtecke auf das Blech legen und die Eischaummasse mit Hilfe eines Spritzbeutels auf den Teigstücken verteilen, dann mit einem breiten nassen Messer sorgfältig daraufstreichen. Die Mandelschnitten auf der mittleren Schiene des Ofens 15-20 Minuten backen.

Mein Tip Mandeln lassen sich leicht schälen, wenn sie überbrüht, ein paar Minuten im heißen Wasser liegen bleiben und dann mit kaltem Wasser abgeschreckt werden. Die Haut läßt sich dann leicht zwischen Daumen und Zeigefinger abstreifen. Mandeln müssen vor dem Durchdrehen ganz trocken sein, sonst verklebt die Mandelmühle.

Berliner Brot

Zutaten für 20 Stück:
2 Eier · 2 Eßl. warmes Wasser · 250 g Farinzucker · 65 g Apfelkraut · 1 Eßl. Rum · 1 gehäufter Eßl. Zimt · 1 Prise Nelkenpulver · 65 g Blockschokolade · 250 g Mehl · 1 Teel. Backpulver · 125 g Haselnußkerne · 40 g gewürfeltes Zitronat
Für die Glasur: 100 g Puderzucker · 2 Eßl. Rum
Für das Backblech: Butter oder Backtrennpapier
Pro Stück etwa 860 Joule/205 Kalorien

- Vorbereitungszeit: 30 Minuten
- Backzeit: 15-20 Minuten

So wird's gemacht: Die Eier mit dem Wasser schaumig rühren. Den Farinzucker eßlöffelweise dazugeben und so lange schlagen, bis die Masse cremig ist. • Nach und nach das Apfelkraut, den Rum, den Zimt und das Nelkenpulver hinzufügen. Die Blockschokolade dazureiben. • Den Backofen auf 200° vorheizen. Das Backblech einfetten oder mit Backtrennpapier auslegen. • Das Mehl mit dem Backpulver sieben und portionsweise in die Masse einrühren. Zuletzt die ganzen Haselnüsse und das Zitronat einmischen. • Den Teig mit einem nassen breiten Messer ½ cm dick auf das Backblech streichen. Das Berliner Brot auf der mittleren Schiene 15-20 Minuten backen. • Den Puderzucker mit dem Rum verrühren und auf das noch heiße Gebäck streichen. Das Berliner Brot mit einem scharfen Messer in etwa 2 × 5 cm große Rechtecke schneiden und zum Auskühlen auf ein Kuchengitter legen.

Mein Tip Farinzucker ist gelber bis hellbrauner ungereinigter Zucker, der weniger süßt als raffinierter Zucker, aber etwas würziger schmeckt. Man verwendet ihn gerne für Lebkuchen und Honigkuchengebäck. Apfelkraut wird im Rheinland als Brotaufstrich gegessen. Der feinsäuerliche Geschmack kommt auch manchem Backwerk zugute. Apfelkraut ist dick eingekochter Saft frischer Äpfel ohne Zuckerzusatz.

Französische Pomeranzennüsse

Zutaten für 40 Stück:
200 g Orangeat im Stück · 3 Eier · 250 g Zucker · abgeriebene Schale von 1 unbehandelten Orange · 50 g feingehacktes Zitronat · 300 g Mehl
Für das Backblech: Butter oder Backtrennpapier
Pro Stück etwa 315 Joule/75 Kalorien

- Vorbereitungszeit: 40 Minuten
- Backzeit: 10-15 Minuten

So wird's gemacht: Das Orangeat in nicht zu kleine Stifte schneiden. • Die Eier mit dem Zucker cremig rühren, bis der Zucker sich ganz aufgelöst hat. Die Orangenschale, das Orangeat und das Zitronat hinzufügen. Das Mehl dazusieben und alles leicht durchkneten. • Das Backblech einfetten oder mit Backtrennpapier auslegen. Den Backofen auf 160-180° vorheizen. • Aus dem Teig knapp walnußgroße Kugeln formen und auf das Blech setzen. Auf der mittleren Schiene des Ofens in 10-15 Minuten gelb backen. • Die Pomeranzennüsse vom Blech heben und auf einem Kuchengitter erkalten lassen.

Holländisches Spritzgebäck

Zutaten für etwa 60 Stück:
300 g weiche Butter · 100 g Puderzucker · 2 Päckchen Vanillinzucker · ½ Teel. Salz · abgeriebene Schale von ½ unbehandelten Zitrone · 2 Eier · 400 g Mehl · 1 gehäufter Teel. Backpulver
Für die Glasur: 150 g Kuvertüre
Für das Backblech: Butter oder Backtrennpapier
Pro Stück etwa 365 Joule/85 Kalorien

- Vorbereitungszeit: 1 Stunde
- Backzeit: 15-18 Minuten pro Blech

So wird's gemacht: Die Butter schaumig rühren. Den Puderzucker nach und nach darübersieben, den Vanillinzucker, das Salz, die Zitronenschale und die Eier hinzufügen. Das Mehl mit dem Backpulver darübersieben, alles gut mischen und durchkneten. • Das Backblech einfetten oder mit Backtrennpapier auslegen. Den Backofen auf 180-200° vorheizen. • Den Teig in eine Gebäckspritze mit breiter gezackter Tülle füllen und in Spiralen, Ringen oder anderen Formen in größeren Abständen auf das Blech spritzen. •

Plätzchen aus weichem Teig kann man mit einem Spritzbeutel oder einer Gebäckspritze mit Sterntülle zu hübschen Formen gleich auf das Backblech spritzen.

Das Gebäck im Ofen auf der mittleren Schiene 15-18 Minuten backen. Die Plätzchen auf dem Blech abkühlen lassen. • Die Kuvertüre im Wasserbad schmelzen lassen und das Spritzgebäck jeweils bis zur Hälfte eintauchen. Auf dem Kuchengitter gut trocknen lassen.

Berner Leckerli

In Bern wird sehr gut und gerne geschleckt. Für die Leckerli gibt es viele recht unterschiedliche Rezepte. Die folgende Variante schmeckt nicht nur ausgezeichnet, sondern sieht auch besonders hübsch aus.

Zutaten für etwa 40 Stück:
250 g Mehl · 1 Ei · 75 g Zucker · 125 g kalte Butter · 1 Prise Salz
Zum Belegen: 200 g Haselnußkerne · 5 geschälte bittere Mandeln · 2 Eiweiß · 125 g Zucker · 1 Prise Muskatblüte · etwa 5 Eßl. dick eingekochte Kirschmarmelade
Für das Backblech: Butter oder Backtrennpapier
Pro Stück etwa 435 Joule/105 Kalorien

- Vorbereitungszeit: 40 Minuten
- Ruhezeit: 30 Minuten
- Backzeit: 10–15 Minuten

So wird's gemacht: Das Mehl auf die Arbeitsfläche sieben. In die Mitte eine Mulde drücken und das Ei und den Zucker in die Vertiefung geben. Die Butter in Flöckchen und das Salz auf den Mehlrand verteilen. Alles schnell mit kühlen Händen zu einem glatten Teig kneten. Den Teig in eine Schüssel geben und zugedeckt 30 Minuten im Kühlschrank ruhen lassen. • Die Haselnüsse und die Mandeln getrennt durch die Mandelmühle drehen. • Die geriebenen Nüsse in einer trockenen Pfanne hellbraun anrösten. Das Eiweiß zu steifem Schnee schlagen, dabei den Zucker langsam einrieseln lassen. Die Nüsse, die Mandeln und die Prise Muskatblüte unter den Schnee heben. • Das Backblech einfetten oder mit Backtrennpapier auslegen. Den Backofen auf 180–200° vorheizen. • Die Arbeitsfläche mit Mehl bestäuben, den Mürbeteig darauf etwa 3 mm dick ausrollen und runde Plätzchen ausstechen. Die Plätzchen auf das Blech legen und in die Mitte kleine Häufchen von der Nußmasse setzen. Auf der mittleren Schiene des Ofens in 10–15 Minuten goldgelb backen. • Die Leckerli auf ein Kuchengitter heben und um die Nußmasse einen Kranz Kirschmarmelade spritzen. Das geht am besten mit einer gefalteten Spritztüte aus Pergamentpapier.

Mein Tip Sie können zum Garnieren auch jede andere rote Marmelade verwenden. Wichtig ist nur, daß sie dick, fast trocken eingekocht ist, sonst weichen die Plätzchen auf und schmecken nicht mehr.

Belgrader Brot

Zutaten für 45 Stück:
250 g ungeschälte Mandeln · 2 Eier · 2 Eigelb · 250 g Zucker · 10 g Zimt · je 30 g gewürfeltes Zitronat und Orangeat · 250 g Mehl
Für die Glasur: 125 g Puderzucker · 1 Eiweiß
Für das Backblech: Butter oder Backtrennpapier
Pro Stück etwa 500 Joule/100 Kalorien

- Vorbereitungszeit: 1 Stunde
- Backzeit: 15–20 Minuten pro Blech

So wird's gemacht: Die Mandeln grobhacken. • Die Eier und das Eigelb mit dem Zucker cremig rühren, bis der Zucker sich ganz aufgelöst hat. Den Zimt, das Zitronat, das Orangeat und die Mandeln in die Schaummasse rühren. • Das Mehl dazusieben und alles gut verkneten. • Das Backblech einfetten oder mit Backtrennpapier auslegen. Den Backofen auf 220° vorheizen. • Die Arbeitsfläche mit Mehl bestäuben und den Teig darauf ½ cm dick ausrollen und die Teigplatte in Rauten schneiden. Die Plätzchen auf das Blech legen und im Ofen auf der mittleren Schiene 15–20 Minuten backen. • Den Puderzucker mit dem Eiweiß zu einer dicken glatten Glasur rühren. • Das Belgrader Brot auf ein Kuchengitter heben und noch warm mit der Glasur bepinseln.

Mein Tip Mandeln lassen sich am besten mit einem Blitzhacker oder einem doppelten Wiegemesser grobhacken.

St. Gallener Biberle

Zutaten für etwa 60 Stück:
2 Eier · 100 g Zucker · 200 g flüssiger Honig · 1 Teel. Zimt · je 1 Messerspitze Nelkenpulver, Kardamom und Muskatblüte · 400 g Mehl · ½ Päckchen Backpulver
Für die Füllung: 75 g geschälte Mandeln · 75 g Zucker · 1–2 Eßl. Zitronensaft
Zum Bestreichen: 1 Eiweiß · 1 Eßl. Honig
Für das Backblech: Butter oder Backtrennpapier
Pro Stück etwa 250 Joule/60 Kalorien

- Vorbereitungszeit: 1 Stunde
- Backzeit: etwa 15 Minuten

So wird's gemacht: Die Eier mit dem Zucker sehr schaumig rühren, bis die Masse fast weiß ist. Den Honig dazufließen lassen. Den Zimt, das Nelkenpulver, den Kardamom und die Muskatblüte unterrühren. Das Mehl mit dem Backpulver sieben und nach und nach in die Schaummasse einarbeiten. Den Teig zugedeckt im Kühlschrank ruhen lassen. • Inzwischen für die Füllung die Mandeln durch die Mandelmühle drehen und mit dem Zucker und dem Zitronensaft zu einer streichfähigen Masse verrühren. • Den Teig noch einmal gut durchkneten. • Die Arbeitsfläche mit Mehl bestäuben und den Teig darauf etwa 3 mm dick ausrollen. Aus der Teigplatte 6–7 cm große Quadrate ausschneiden. Das Backblech einfetten oder mit Backtrennpapier auslegen. Den Backofen auf 200° vorheizen. • Das Eiweiß leicht verquirlen. Auf jedes Teigquadrat ein kleines Häufchen Füllung setzen, die Ränder mit Eiweiß bestreichen und die Vierecke zu Dreiecken zusammenklappen, dabei die Ränder gut zusammendrücken. Die Biberle auf der mittleren Schiene des Ofens etwa 15 Minuten backen. • 1 Eßlöffel Honig mit etwas Wasser verrühren und die noch heißen Plätzchen damit bestreichen.

Variante: Die Teigquadrate mit etwa 200 g durchgekneteter Marzipanrohmasse füllen und zu Dreiecken zusammenklappen. Die gebackenen ausgekühlten Biberle dick mit 200 g Kuvertüre überziehen.

Amerikanische Cookies

Zutaten für 50 Stück:
80 g Blockschokolade · 75 g Pekannuß- oder Haselnußkerne · 100 g weiche Butter · 75 g Zucker · 75 g Farinzucker · 1 Teel. Vanillinzucker · 1 gute Prise Salz · 1 Ei · 100 g Mehl · ½ Teel. Backpulver
Für das Backblech: Backtrennpapier · Butter
Pro Stück etwa 235 Joule/55 Kalorien

- Vorbereitungszeit: 40 Minuten
- Backzeit: 10 Minuten pro Blech

So wird's gemacht: Die Schokolade auf einer Reibe grobraffeln. Die Nüsse grobhacken. • Die Butter mit dem Zucker und dem Farinzucker sehr schaumig rühren. Den Vanillinzucker, das Salz und das Ei unterrühren. Das Mehl mit dem Backpulver sieben und eßlöffelweise in die

Schaummasse rühren. Die Schokolade und die Nüsse behutsam unter den Teig ziehen. • Das Backblech mit Backtrennpapier auslegen und dieses mit Butter einfetten. Den Backofen auf 200° vorheizen. • Aus dem Teig mit 2 nassen Teelöffeln knapp walnußgroße Häufchen formen und in großem Abstand auf das Blech setzen. Die Cookies auf der mittleren Schiene des Ofens in etwa 10 Minuten leicht braun backen. • Die Plätzchen sofort vom Blech lösen und auf einem Kuchengitter erkalten lassen.

Dalmatinische Honigplätzchen

Zutaten für 55 Stück:
200 g kernlose Rosinen · 200 g Honig · 375 g Mehl · 5 Eßl. Öl · 2 Eßl. trockener Weißwein · 1 Prise Safran · 1 Teel. Zimt · 1 Prise Muskatblüte · 1 Prise Salz · 1 Päckchen Vanillinzucker
Für das Backblech: Butter oder Backtrennpapier
Pro Stück etwa 230 Joule/55 Kalorien

- Vorbereitungszeit: 40 Minuten
- Backzeit: 10 Minuten pro Blech

So wird's gemacht: Die Rosinen in heißem Wasser waschen, abtropfen und auf Küchenkrepp trocknen lassen. • Den Honig bei schwacher Hitze in einem Topf schmelzen lassen. • Das Mehl in eine Schüssel sieben, das Öl, den in Weißwein aufgelösten Safran, den Zimt, die Muskatblüte, das Salz und den Vanillinzucker hinzufügen. Die Mehlmischung mit dem Honig zu einem glatten Teig verkneten. • Das Backblech einfetten oder mit Backtrennpapier auslegen. Den Backofen auf 200° vorheizen. • Die Rosinen in den Teig kneten. • Die Arbeitsfläche mit Mehl bestäuben und den Teig darauf ½ cm dick ausrollen. Aus der Teigplatte kleine runde Plätzchen oder Sterne ausstechen, auf das Blech legen und auf der mittleren Schiene des Ofens 10 Minuten backen.

Karibische Vanilleplätzchen

Zutaten für 36 Stück:
250 g weiche Butter · 125 g Zucker · 2 Päckchen Vanillinzucker · 1 gute Prise Salz · 225 g Mehl
Für das Backblech: Butter oder Backtrennpapier
Pro Stück etwa 390 Joule/95 Kalorien

- Vorbereitungszeit: 30 Minuten
- Backzeit: etwa 25 Minuten

So wird's gemacht: Die Butter mit dem Zucker, dem Vanillinzucker und dem Salz cremig rühren, bis der Zucker sich ganz aufgelöst hat. Das Mehl nach und nach dazusieben und einarbeiten. • Den Backofen auf 220° vorheizen. Das Backblech einfetten oder mit Backtrennpapier auslegen. Den Teig mit einem Spatel etwa 1 cm dick auf das Blech streichen. Die offene Stelle auf dem Blech mit einem doppelt gefalzten, gefetteten Alufoliestreifen abschließen, damit der Teig nicht ausläuft. Den Kuchen auf der mittleren Schiene des Ofens in etwa 25 Minuten goldbraun backen. • Den Kuchen noch heiß in 4 cm große Quadrate schneiden, die Plätzchen vom Blech nehmen und auf einem Kuchengitter erkalten lassen.

Obwohl es Krachkuchen heißt, zergeht dieses feine Gebäck auf der Zunge. Es paßt besonders gut zu einer Tasse Tee. Rezept Seite 53. ▷

Holländische Huwelijkmaker

Übersetzt heißt Huwelijkmaker Heiratsvermittler, folglich werden die Plätzchen während des ganzen Jahres gerne gegessen.

Zutaten für etwa 120 Stück:
250 g Honig · 200 g Farinzucker · 65 g Butter · knapp ⅛ l Milch · 125 g geschälte Mandeln · 550 g Mehl · 1 Teel. Zimt · 1 Prise geriebene Muskatnuß · je 50 g gewürfeltes Zitronat und Orangeat · 1 Teel. Pottasche
Zum Bestreichen: 400 g Aprikosenmarmelade · 200 g Kuvertüre
Für das Backblech: Butter oder Backtrennpapier
Pro Stück etwa 250 Joule/60 Kalorien

- Vorbereitungszeit: 50 Minuten
- Ruhezeit: 1 Stunde
- Backzeit: 20-25 Minuten

So wird's gemacht: Den Honig, den Farinzucker, die Butter und die Milch bei schwacher Hitze unter gelegentlichem Rühren einmal aufkochen, dann abkühlen lassen. • Die Mandeln grobhakken. Das Mehl sieben, in einer großen Schüssel mit dem Zimt, dem Muskat, dem Zitronat, dem Orangeat und den Mandeln mischen. • Die abgekühlte Honigmasse und die in wenig Wasser aufgelöste Pottasche dazugeben. Alles kräftig zu einem glatten Teig kneten und zugedeckt 1 Stunde ruhen lassen. • Das Backblech einfetten oder mit Backtrennpapier auslegen. Den Backofen auf 200° vorheizen. • Den Teig auf dem Backblech gleichmäßig ausrollen und auf der mittleren Schiene des Ofens 20-25 Minuten backen. • Den Kuchen abkühlen lassen und in 8 Stücke teilen. Diese dann zum Füllen durchschneiden. • Die Aprikosenmarmelade leicht erwärmen, eine Kuchenplatte damit bestreichen, die zweite darauf setzen. • Die Kuvertüre im Wasserbad weich werden lassen und den Kuchen damit bestreichen. Den Kuchen in Würfel schneiden.

◁ Die Bilder zeigen von links nach rechts, wie Urgroßmutters Mandelschnitten gemacht werden. Aus den feingehackten Mandeln und geschlagenem Eiweiß einen streichfähigen Baiser zubereiten. Den vorher zubereiteten Teig ausrollen und Rechtecke ausradeln, diese auf das gefettete Backblech legen. Die Baisermasse mit einem Spritzbeutel auf den Teigstücken verteilen und mit einem nassen Messer verstreichen. Die Mandelschnitten im vorgeheizten Ofen 15-20 Minuten backen. Rezept auf Seite 31.

Amerikanische Walnußplätzchen

Nordamerikaner haben ein Faible für Pastellfarben. Wenn Sie Ihre Plätzchen auch gerne lustig bunt mögen, tönen Sie je einen Teil der Zuckerglasur mit Lebensmittelfarbe.

Zutaten für 36 Stück:
250 g weiche Butter · 150 g Zucker · 1 Päckchen Vanillinzucker · 1 Prise Salz · 1 Ei · 200 g Mehl · 75 g Speisestärke · 150 g Walnußkernhälften
Für die Glasur: 1 Eiweiß · 150 g Puderzucker · Lebensmittelfarbe
Für das Backblech: Butter oder Backtrennpapier
Pro Stück etwa 610 Joule/145 Kalorien

- Vorbereitungszeit: 45 Minuten
- Ruhezeit: 1 Stunde
- Backzeit: 15 Minuten

So wird's gemacht: Die Butter mit dem Zucker cremig rühren, bis der Zucker sich ganz aufgelöst hat. Den Vanillinzucker, das Salz und das Ei unterrühren. Das Mehl und die Speisestärke sieben, zum Teil in die Crememasse rühren, den Rest unterkneten. Den Teig zugedeckt 1 Stunde im Kühlschrank ruhen lassen. • Das Backblech einfetten oder mit Backtrennpapier auslegen. Den Backofen auf 200° vorheizen. • Aus dem Teig mit bemehlten Händen kleine Kugeln formen, nicht zu dicht nebeneinander auf das Blech setzen, etwas flach drücken und mit den Walnußhälften belegen. Auf der mittleren Schiene des Ofens 15 Minuten backen. • Aus dem Eiweiß und dem Puderzucker eine dicke Glasur rühren, nach Belieben in 3 Portionen teilen und mit je einer Lebensmittelfarbe färben. • Die Plätzchen auf ein Kuchengitter legen. Die Glasur in eine beziehungsweise 3 gefaltete Pergamenttüten mit kleiner Öffnung an der Spitze füllen und jeweils einen dicken Kranz auf die Walnußhälften spritzen.

Belgische Sandplätzchen

Zutaten für etwa 50 Stück:
1 unbehandelte Orange · 3 hartgekochte Eigelb ·
250 g Mehl · 125 g Zucker · 1 Prise Salz ·
250 g weiche Butter
Pro Stück etwa 295 Joule/70 Kalorien

- Vorbereitungszeit: 35 Minuten
- Ruhezeit: 1 Stunde
- Backzeit: 8-10 Minuten pro Blech

So wird's gemacht: Die Orangenschale hauchdünn abschälen, feinhacken, 3 Minuten in kochendem Wasser blanchieren und in einem Sieb abtropfen lassen. • Das Mehl sieben. Das Eigelb in einer Schüssel zerdrücken und mit dem Mehl, dem Zucker, dem Salz und der Orangenschale gut vermischen. Die Butter nach und nach in die Mehlmischung einarbeiten. Den Teig zugedeckt 1 Stunde an einem kühlen Ort ruhen lassen. • Den Backofen auf 180-200° vorheizen. • Die Arbeitsfläche mit Mehl bestäuben und den Teig darauf ½ cm dick ausrollen. Mit einem Ausstecher oder einem Glas Plätzchen von etwa 4 cm Durchmesser ausstechen. Das Backblech leicht mit Wasser befeuchten und die Plätzchen darauf legen. Mit einem Messer ein Karomuster einritzen. Die Sandplätzchen auf der mittleren Schiene des Ofens 8-10 Minuten hell backen.

Variante: Zarte Sandplätzchen
250 g weiche Butter mit 100 g Zucker und 1 Päckchen Vanillinzucker sehr schaumig rühren.
250 g Mehl und 100 g Speisestärke nach und nach in die Schaummasse rühren. Den Teig 1 Stunde an einem kühlen Ort ruhen lassen. Aus dem Teig Kugeln formen, auf das Backblech legen und flachdrücken. Mit einer Gabel oder einer Reibe Muster eindrücken. Im vorgeheizten Ofen auf der mittleren Schiene 8-10 Minuten backen.

Mein Tip Sandplätzchen brechen leicht. Sie müssen besonders vorsichtig vom Blech auf das Kuchengitter gehoben werden.

Spanische Turrons

Zutaten für etwa 40 Stück:
300 g Haselnußkerne · 200 g kandierte Früchte ·
250 g Zucker · 1 Päckchen Vanillinzucker ·
3 Eigelb · 2 Eßl. Rum
Für das Backblech: Alufolie · Öl
Pro Stück etwa 420 Joule/100 Kalorien

- Vorbereitungszeit: 30 Minuten
- Backzeit: etwa 15 Minuten

So wird's gemacht: Die Haselnüsse durch die Mandelmühle drehen. Die kandierten Früchte grobhacken. • Die Nüsse mit dem Zucker, dem Vanillinzucker und den kandierten Früchten in einem Topf mischen. Das Eigelb mit dem Rum verquirlen und dazugießen. Alles bei schwacher Hitze so lange rühren, bis ein fester Teig entsteht. • Das Backblech mit Alufolie auslegen, die Folie einölen. Den Backofen auf 160° vorheizen. • Die Nußmasse etwa 1½ cm dick auf die Alufolie streichen. Die Ränder der Folie hochfalzen. Die Nußmischung auf der mittleren Schiene des Ofens etwa 15 Minuten backen. • Das Gebäck erkalten lassen und in kleine Stücke schneiden.

Duchesses

Marzipanplätzchen aus der Normandie

Zutaten für 18 Stück:
50 g Butter · 250 g Marzipan-Rohmasse · 150 g Zucker · 3 Eßl. Dosenmilch · 3 Eiweiß · 100 g Mehl
Zum Bestreuen: 50 g geschälte Mandeln, feingehackt
Für die Füllung: 100 g Nougatmasse
Für das Backblech: Butter oder Backtrennpapier
Pro Stück etwa 810 Joule/195 Kalorien

- Vorbereitungszeit: 35 Minuten
- Backzeit: etwa 10 Minuten pro Blech

So wird's gemacht: Die Butter in einem kleinen Topf schmelzen und wieder abkühlen lassen. • Die Marzipan-Rohmasse mit dem Zucker und der Dosenmilch gut verkneten. Ein Eiweiß nach dem anderen dazurühren, bis ein glatter Teig entsteht. Das Mehl dazusieben und zusammen mit der flüssigen Butter in die Marzipanmasse einarbeiten. • Das Backblech gut einfetten oder mit Backtrennpapier auslegen. Den Backofen auf 200° vorheizen. • Vom Teig mit 2 Teelöffeln kleine Häufchen formen und nicht zu dicht auf das Blech setzen. Die Häufchen mit einem breiten Messer zu Plätzchen von etwa 4 cm Durchmesser glattstreichen. Die Hälfte der Plätzchen mit den gehackten Mandeln bestreuen. • Das Gebäck im Ofen auf der mittleren Schiene 10 Minuten backen, dann vorsichtig vom Blech lösen und auf einem Kuchengitter abkühlen lassen. • Die Nougatmasse im Wasserbad cremig rühren. • Die Unterseite der unbestreuten Plätzchen damit bestreichen. Die anderen Plätzchen mit der Mandelseite daraufsetzen und die Füllung fest werden lassen.

Masurek

Russisches Weihnachtsbrot

Zutaten für 48 Stück:
75 g geschälte Mandeln · 6 bittere geschälte Mandeln · 6 Eier · 200 g weiche Butter · 200 g Zucker · 200 g Mehl · 1 Prise Salz
Zum Bestreuen: 100 g Mandelblättchen · 50 g Hagelzucker
Für das Backblech: Butter oder Backtrennpapier
Pro Stück etwa 435 Joule/105 Kalorien

- Vorbereitungszeit: 45 Minuten
- Backzeit: 15 Minuten

So wird's gemacht: Die Mandeln und die bitteren Mandeln durch die Mandelmühle drehen. • Die Eier in Eiweiß und Eigelb trennen. • Die Butter mit dem Zucker sehr cremig rühren. Das Mehl sieben. Das Eigelb abwechselnd mit dem Mehl und den geriebenen Mandeln unter die Crememasse mischen. • Das Backblech einfetten und leicht mit Mehl bestäuben oder mit Backtrennpapier auslegen. Den Backofen auf 200° vorheizen. • Das Eiweiß mit dem Salz zu steifem Schnee schlagen und unter den Teig heben. • Den Teig gleichmäßig auf das Blech streichen, mit den Mandelblättchen und dem Hagelzucker bestreuen und auf der mittleren Schiene in etwa 15 Minuten goldgelb backen. • Abkühlen lassen und dann in kleine Stücke schneiden.

Österreichische Klosterkipferl

Zutaten für 65 Stück:
50 g zartbittere Schokolade · 150 g ungeschälte Mandeln oder Haselnußkerne · 250 g Mehl · 125 g Zucker · 1 Ei · abgeriebene Schale von 1 unbehandelten Zitrone · 1 Prise Salz · 175 g kalte Butter
Für die Glasur: 100 g Kuvertüre
Für das Backblech: Butter oder Backtrennpapier
Pro Stück etwa 295 Joule/70 Kalorien

- Vorbereitungszeit: 45 Minuten
- Ruhezeit: 1 Stunde
- Backzeit: 15 Minuten pro Blech

So wird's gemacht: Die Schokolade feinreiben. Die Mandeln oder Nüsse durch die Mandelmühle drehen. • Das Mehl in eine Schüssel sieben, in die Mitte eine Mulde drücken. Den Zukker, das Ei, die Zitronenschale, die Mandeln oder die Nüsse, die Schokolade und das Salz in die Vertiefung geben. Die Butter in Flöckchen auf den Mehlrand schneiden. Alle Zutaten zu einem geschmeidigen Teig verkneten. Den Teig zugedeckt 1 Stunde im Kühlschrank ruhen lassen. • Das Backblech einfetten oder mit Backtrennpapier auslegen. Den Backofen auf 200° vorheizen. • Die Arbeitsfläche mit Mehl bestäuben. Den Teig darauf portionsweise zu Rollen von etwa 1½ cm Durchmesser formen. Von den Rollen 6 cm lange Stücke abschneiden, zu kleinen Hörnchen biegen und auf das Blech legen. Auf der mittleren Schiene des Ofens 15 Minuten backen. • Die Kipferl abkühlen lassen. • Die Kuvertüre im Wasserbad schmelzen, die Kipferl mit beiden Enden eintauchen und auf einem Kuchengitter trocknen lassen.

Floyeres

Walnußrollen

Das in Griechenland sehr beliebte Naschwerk kann auch mit Mandeln statt mit Walnüssen zubereitet werden.

Zutaten für 24 Stück:
200 g Walnußkerne · 1 Eßl. Semmelbrösel · 2 Eier · 6 Eßl. Zucker · 1 Prise Zimt · abgeriebene Schale von ½ unbehandelten Zitrone · 200 g Strudelteig (2 Teigblätter von je 43 × 40 cm) · 4 Eßl. zerlassene Butter
Für den Sirup: ½ l Wasser · 250 g Zucker · ¼ Zimtstange · Saft von ½ Zitrone
Zum Bestreuen: 50 g Walnußkerne
Für das Backblech: Butter oder Backtrennpapier
Pro Stück etwa 675 Joule/160 Kalorien

- Vorbereitungszeit: 1 Stunde
- Backzeit: 20–30 Minuten

So wird's gemacht: Die Walnüsse durch die Mandelmühle drehen oder feinhacken und mit den Semmelbröseln mischen. • Die Eier mit dem Zucker gut verquirlen, den Zimt und die Zitronenschale hinzufügen und die Walnüsse mit der Eiermischung vermengen. • Das Backblech einfetten oder mit Backtrennpapier auslegen. Den Backofen auf 180° vorheizen. • Die beiden Teigblätter vorsichtig auf der Arbeitsfläche ausbreiten und mit 2 Eßlöffeln zerlassener Butter bestreichen. Jede Teigplatte auf der Schmalseite in 3, auf der Längsseite in 4 gleiche Teile schneiden. Auf jeden Teigstreifen unten an der Schmalseite ein Häufchen Nußfüllung setzen, die Ecken darüberklappen und die Streifen aufrollen. • Die Röllchen mit der Nahtseite nach unten nebeneinander auf das Blech legen, mit der restlichen Butter bestreichen und mit etwas Wasser besprenkeln. In 20–30 Minuten auf der mittleren Schiene des Ofens goldbraun backen. • ½ l Wasser zum Kochen bringen. Den Zucker und die Zimtstange hineingeben. Den Sirup 10 Minuten kochen lassen. Den Zitronensaft hinzufügen. • Die heißen Walnußröllchen mit einer Gabel 2–3 mal einstechen und nacheinander mit dem Schaumlöffel in den leise köchelnden Sirup tauchen und sich vollsaugen lassen. Das Gebäck aus dem Sirup heben, auf eine Platte legen und kalt werden lassen. • Den Sirup im offenen Topf honigdick einkochen lassen. Die Walnüsse grobhacken. Das Gebäck mit den Walnüssen bestreuen und mit dem heißen Sirup begießen.

Kokosnußgebäck aus Brasilien

Zutaten für 34 Stück:
250 g Farinzucker · ⅛ l Wasser · 4 Eigelb · 30 g Maisstärkepulver · abgeriebene Schale von ½ unbehandelten Zitrone · 200 g Kokosflocken · ausgeschabtes Mark von 1 Vanilleschote
Für das Backblech: Butter oder Backtrennpapier
Pro Stück etwa 315 Joule/75 Kalorien

- Vorbereitungszeit: 50 Minuten
- Backzeit: 10 Minuten

So wird's gemacht: Den Farinzucker mit dem Wasser in einem Topf unter Rühren erhitzen, bis der Zucker ganz aufgelöst ist. • Das Eigelb mit der Maisstärke und der Zitronenschale in einem zweiten Topf verquirlen und auf den Herd stellen. Den Zuckersirup mit dem Schneebesen bei schwacher Hitze in die Mischung schlagen. Die Kokosflocken hinzufügen und so lange rühren, bis eine feste Masse entsteht, aber nicht zum Kochen kommen lassen. Das Vanillemark einmengen und die Masse abkühlen lassen. • Das Backblech einfetten oder mit Backtrennpapier auslegen. Den Backofen auf 200° vorheizen. • Mit 2 Teelöffeln kleine Teigbällchen formen und auf das Blech setzen. Im Ofen auf der mittleren Schiene 10 Minuten backen. • Die Plätzchen vom Blech heben und auf einem Kuchengitter abkühlen lassen.

Biscotti spicci

Zutaten für etwa 50 Stück:
500 g Mehl · 1 Teel. Backpulver · 150 g Zucker · 1 Prise Salz · abgeriebene Schale von 1 unbehandelten Zitrone · 125 g zerlassene Butter · ¼ l Milch
Für das Backblech: Öl
Pro Stück etwa 300 Joule/72 Kalorien

- Vorbereitungszeit: 25 Minuten
- Backzeit: 20 Minuten pro Blech

So wird's gemacht: Das Mehl mit dem Backpulver auf die Arbeitsfläche sieben und mit dem Zucker, dem Salz und der Zitronenschale vermischen. In die Mitte eine Mulde drücken und die Butter und die Milch hineingießen (etwa 3–4 Eßlöffel Milch zurückbehalten). • Alle Zutaten vermengen und kräftig zu einem glatten Teig kneten. • Das Backblech einölen. Den Backofen auf 220° vorheizen. • Den Teig auf der leicht bemehlten Arbeitsfläche 5 mm dick ausrollen und in 6 cm lange und 1 cm breite Streifen schneiden. • Die Teigstreifen in gutem Abstand voneinander auf das Blech legen, mit der restlichen Milch bestreichen und auf der mittleren Schiene des Ofens in 20 Minuten goldgelb backen.

Haferflockenhäufchen

Zutaten für 40 Stück:
100 g weiche Butter · 150 g flüssiger Akazien- oder Blütenhonig · 2 Eier · 150 g blütenzarte Haferflocken · 100 g Mehl · ½ Päckchen Backpulver · Milch
Zum Füllen: 3 Eßl. ungesüßte Marmelade
Für das Backblech: Butter oder Backtrennpapier
Pro Stück etwa 270 Joule/65 Kalorien

- Vorbereitungszeit: 30 Minuten
- Backzeit: etwa 20 Minuten pro Blech

So wird's gemacht: Die Butter mit dem Honig und den Eiern schaumig rühren. Die Haferflokken untermengen. Das Mehl mit dem Backpulver dazusieben und unterrühren. Sollte der Teig zu fest sein, etwas Milch dazugeben. • Das Backblech einfetten oder mit Backtrennpapier auslegen. Den Backofen auf 180° vorheizen. • Aus dem weichen Teig walnußgroße Kugeln formen. Die Teigkugeln mit genügend Abstand auf das Blech setzen, in die Mitte eine Vertiefung drükken und Marmelade hineingeben. • Die Haferflockenhäufchen im Ofen auf der mittleren Schiene etwa 20 Minuten goldbraun backen.

Schottische Haferplätzchen

Zutaten für 40 Stück:
100 g weiche Butter · 125 g Farinzucker · 1 Prise Salz · je 100 g grobe und feine Haferflocken · 1 Teel. Backpulver · 2 Eßl. Amaretto-Likör
Für das Backblech: Butter oder Backtrennpapier
Pro Stück etwa 250 Joule/60 Kalorien

- Vorbereitungszeit: 25 Minuten
- Backzeit: 20–25 Minuten

So wird's gemacht: Die Butter mit dem Farinzukker und dem Salz in einem Topf bei schwacher Hitze unter Rühren zerlassen. • Beide Haferflokkensorten mit dem Backpulver und dem Likör vermengen und in die Butter-Zuckermischung rühren. Den Topf vom Herd nehmen. • Das Backblech gut einfetten oder mit Backtrennpapier auslegen. Den Backofen auf 180–200° vorheizen. • Den Teig mit den Händen auf dem Backblech knapp 1 cm dick zu einem Rechteck zusammendrücken. Auf der mittleren Schiene des Ofens 20–25 Minuten backen. • Den Kuchen auf dem Blech abkühlen lassen und in 40 Rauten oder Streifen schneiden.

Mein Tip Amaretto ist ein italienischer Likör, der aus einer besonderen Kirschsorte hergestellt wird. Er gibt Plätzchen, Kuchen, Süß- und Eisspeisen das edle Aroma. Es lohnt sich schon, eine Flasche anzuschaffen. Das häufig verwendete Bittermandelaroma würde ich hier nicht unbedingt empfehlen.

Sesam-Moppen

Zutaten für 60 Stück:
300 g Sesamsamen · 200 g Vollkornweizenmehl · 1 Päckchen Backpulver · 300 g Farinzucker · abgeriebene Schale von 1 unbehandelten Zitrone · ¼ Teel. geriebene Muskatnuß · 5 Eier
Zum Besieben: 2 Eßl. Puderzucker
Für das Backblech: Öl oder Backtrennpapier
Pro Stück etwa 210 Joule/50 Kalorien

- Vorbereitungszeit: 1 Stunde und 15 Minuten
- Ruhezeit: 30 Minuten
- Backzeit: 15 Minuten pro Blech

So wird's gemacht: Die Sesamkörner in einer großen beschichteten Pfanne unter ständigem Rühren bei mittlerer Hitze hellbraun rösten. Die Körner in eine Schüssel geben und abkühlen lassen. • Das Mehl in der gleichen Pfanne unter Rühren hellgelb rösten. • Das Mehl, das Backpulver, den Farinzucker, die Zitronenschale und den Muskat zu den Sesamkörnern in die Schüssel geben. Alles gut mischen und auf die Arbeitsfläche häufen. In die Mitte eine Mulde drücken und die Eier hineinschlagen. Alle Zutaten zu einem Teig verkneten und diesen bei Raumtemperatur 30 Minuten ruhen lassen. • Das Backblech einölen oder mit Backtrennpapier auslegen. Den Backofen auf 200° vorheizen. • Den Puderzucker in einen flachen Teller sieben. Aus dem Teig mit geölten Händen walnußgroße Kugeln formen und von einer Seite kräftig in den Puderzucker drücken. Die Moppen mit der Puderzuckerseite nach oben in genügend Abstand voneinander auf das Blech setzen und im Ofen auf der mittleren Schiene etwa 15 Minuten backen.

Gesundheitsplätzchen

Zutaten für 50 Stück:
100 g geschälte Mandeln · 100 g Sultaninen · 100 g weiche Butter · 125 g Rohrzucker · 1 Ei · 1 Eigelb · abgeriebene Schale von ½ unbehandelten Zitrone · knapp 1 Teel. Backpulver · 150 g Hirseflocken
Für das Backblech: Butter oder Backtrennpapier
Pro Stück etwa 250 Joule/60 Kalorien

- Vorbereitungszeit: 45 Minuten
- Ruhezeit: 1 Stunde
- Backzeit: 15 Minuten pro Blech

So wird's gemacht: Die Mandeln durch die Mandelmühle drehen. Die Sultaninen waschen und auf Küchenkrepp trocknen lassen. • Die Butter mit dem Rohrzucker schaumig rühren, das Ei, das Eigelb und die Zitronenschale dazugeben. Alles weiter rühren, bis die Masse cremig ist. • Die Mandeln und die Sultaninen einrühren. Das Backpulver mit den Hirseflocken mischen und in die Crememasse einarbeiten. Den Teig zugedeckt 1 Stunde im Kühlschrank ruhen lassen. • Das Backblech einfetten oder mit Backtrennpapier auslegen. Den Backofen auf 200° vorheizen. • Aus dem Teig kleine Kugeln formen, etwas flach drücken, die Plätzchen auf das Blech legen und im Ofen auf der mittleren Schiene in 15 Minuten knusprig backen. • Die Plätzchen auf ein Kuchengitter heben und auskühlen lassen.

Variante: Hirsehäufchen
150 g Butter geschmeidig rühren, 100 g Honig und 2 Eigelbe einrühren. 100 g geriebene Haselnüsse, 250 g frisch gemahlene Hirse und 2 Eßlöffel Vollkornweizenmehl mit 1 Teelöffel Backpulver gemischt in die Honigmasse einarbeiten. Mit 2 Eßlöffeln Honiglikör und je einer Prise Zimt und Nelkenpulver würzen. Auf das gefettete oder mit Backtrennpapier ausgelegte Blech kleine Häufchen setzen und bei 180° in etwa 10 Minuten goldbraun backen.

Ahornsiruphörnchen

Bild Seite 47

Zutaten für 50 Stück:
150 g ungeschälte Mandeln · 3–5 geschälte bittere Mandeln · 100 g feingeschroteter Speiseweizen · 50 g feingeschroteter Buchweizen · 150 g Vollkornweizenmehl · 150 g kalte Butter · 200 g Ahornsirup · abgeriebene Schale von 1 unbehandelten Orange · Mark von ½ Vanilleschote · 1 Messerspitze Salz
Für das Backblech: Butter oder Backtrennpapier
Pro Stück etwa 315 Joule/75 Kalorien

- Vorbereitungszeit: 1 Stunde und 30 Minuten
- Backzeit: 10–12 Minuten pro Blech

So wird's gemacht: Die Mandeln mit der Schale durch die Mandelmühle drehen. • Alle Mehlsorten in einer großen Schüssel mischen. Die Butter in Stückchen darüberschneiden. Den Ahornsirup, die Orangenschale, das Vanillemark und das Salz dazugeben. Alles schnell zu einem geschmeidigen Teig zusammenkneten. • Das Backblech einfetten oder mit Backtrennpapier auslegen. Den Backofen auf 200–220° vorheizen. • Von dem Teig gut walnußgroße Stücke abteilen. Die Teigstücke zu etwa 7 cm langen Rollen formen und zu Hörnchen biegen. • Die Hörnchen auf das Blech legen und im Ofen auf der mittleren Schiene in 10–12 Minuten hellbraun backen.

Plätzchen Linzer Art

Bild nebenstehend

Zutaten für 36 Stück:
100 g ungeschälte Mandeln · 175 g Vollkornweizenmehl · 1 Teel. Zimt · 1 Prise Nelkenpulver · 100 g dickflüssiger Blütenhonig · 175 g Butter
Zum Verzieren: 1 Eiweiß · 18 Haselnußkerne
Zum Füllen: 4 Eßl. säuerliche Marmelade
Für das Backblech: Butter oder Backtrennpapier
Pro Stück etwa 210 Joule/50 Kalorien

- Vorbereitungszeit: 1 Stunde
- Ruhezeit: 1 Stunde und 30 Minuten
- Backzeit: 10 Minuten pro Blech

So wird's gemacht: Die Mandeln durch die Mandelmühle drehen. • Das Mehl mit den Gewürzen und den Mandeln mischen und auf die Arbeitsfläche geben. Den Honig löffelweise dazugeben und die Butter in Flöckchen darüberschneiden. Alles schnell mit kühlen Händen zu einem krümeligen Teig verkneten. Den Teig zugedeckt 1 Stunde im Kühlschrank ruhen lassen. • Das Backblech einfetten oder mit Backtrennpapier auslegen. Den Backofen auf 220° vorheizen. • Die Arbeitsfläche mit Mehl bestäuben und den Teig messerrückendick ausrollen. Aus der Teigplatte 72 runde Plätzchen von 3–4 cm Durchmesser ausstechen. Bei der Hälfte der Plätzchen aus der Mitte kleine Scheiben ausstechen, so daß Ringe entstehen. Plätzchen und Ringe auf das Backblech legen und nochmals 30 Minuten kühl stellen. • Die Haselnußkerne grobhacken. • Das Eiweiß verquirlen und die Ringe damit bestreichen. Die Haselnüsse darüberstreuen. Die Ringe und die runden Plätzchen auf der mittleren Schiene des Ofens 10 Minuten backen. • Die Plätzchen auf einem Kuchengitter auskühlen lassen. • Die unverzierten Plätzchen auf der Unterseite mit der Marmelade bestreichen und jeweils einen Mandelring daraufsetzen.

Mein Tip Die kleinen Scheiben, die durch das Ausstechen der Ringe anfallen, mitbacken. Nach dem Backen mit Marmelade bestreichen und zusammensetzen.

Mit Vollkornmehl gebackene Plätzchen schmecken besonders kräftig-würzig und meist weniger süß. Beispiele dafür sind Ahornsiruphörnchen und Plätzchen Linzer Art. Rezepte Seite 45 und auf dieser Seite. ▷

Hirsekekse

Zutaten für 60 Stück:
100 g Haselnußkerne · 150 g weiche Butter · 2 Eigelb · 100 g dickflüssiger Blütenhonig · 250 g frisch gemahlene Hirse · 2 Eßl. Vollkornweizenmehl · 1 Teel. Backpulver · je 1 Messerspitze Zimt und Nelkenpulver · 2 Eßl. Honiglikör
Für das Backblech: Butter oder Backtrennpapier
Pro Stück etwa 230 Joule/55 Kalorien

- Vorbereitungszeit: 40 Minuten
- Backzeit: etwa 10 Minuten pro Blech

So wird's gemacht: Die Haselnüsse durch die Mandelmühle drehen. • Die Butter mit dem Eigelb und dem Honig schaumig rühren. Nach und nach die Hirse und die Haselnüsse zugeben und in die Buttermasse einmengen. • Das Mehl mit dem Backpulver und den Gewürzen mischen und in den Teig einrühren, mit dem Honiglikör würzen. • Das Backblech einfetten oder mit Backtrennpapier auslegen. Den Backofen auf 180° vorheizen. • Mit einem nassen Teelöffel kleine Teighäufchen in genügend Abstand auf das Blech setzen. Die Hirsekekse im Ofen auf der mittleren Schiene etwa 10 Minuten backen. Mit einem Spatel auf ein Kuchengitter heben und abkühlen lassen.

◁ Mit etwas Geduld leicht zuzubereiten sind die feinen Pfaffenhütchen. Die Bilder zeigen von links nach rechts: Aus gemahlenen Mandeln, Eiweiß und Zucker einen festen Baiserteig zubereiten. Den vorher zubereiteten Mürbteig dünn ausrollen, Kreise ausstechen und diese mit Füllung belegen. Die Ränder der Plätzchen mit Eiweiß bestreichen und von drei Seiten über der Füllung zusammendrücken. Im vorgeheizten Backofen in 20 Minuten goldgelb backen. Rezept auf Seite 25.

Orangenplätzchen

Zutaten für 62 Stück:
125 g weiche Butter · 80 g Zucker · 2 Eigelb · abgeriebene Schale von 1 unbehandelten Orange · 3 Eßl. Orangensaft · 100 g Speisestärke · 1 Messerspitze Backpulver · 150 g blütenzarte Haferflocken
Für die Glasur: 150 g Puderzucker · 2 Eßl. Orangensaft · 1 Teel. Zitronensaft
Für das Backblech: Butter oder Backtrennpapier
Pro Stück etwa 195 Joule/45 Kalorien

- Vorbereitungszeit: 35 Minuten
- Ruhezeit: 15 Minuten
- Backzeit: 15 Minuten pro Blech

So wird's gemacht: Die Butter mit dem Zucker und dem Eigelb schaumig rühren. Die Orangenschale und den -saft dazugeben. Die Speisestärke mit dem Backpulver mischen und zusammen mit den Haferflocken in die Schaummasse einarbeiten. Den Teig 15 Minuten ruhen lassen. • Das Backblech einfetten oder mit Backtrennpapier auslegen. Den Backofen auf 200° vorheizen. • Die Arbeitsfläche leicht mit Mehl bestäuben und den Teig darauf zu Rollen von 2½ cm Durchmesser formen. Von den Rollen 1½ cm dicke Scheiben abschneiden, diese auf das Backblech legen und in Form drücken. • Die Plätzchen im Ofen auf der mittleren Schiene in 15 Minuten goldgelb backen. • Den Puderzucker mit dem Orangen- und Zitronensaft zu einer dicken Glasur rühren und die noch heißen Plätzchen damit bestreichen.

Schokoladenstangen

Zutaten für etwa 40 Stück:
75 g halbbittere Schokolade · 125 g weiche Butter · 100 g Zucker · 2 Eigelb · 4 Eßl. Rum · 150 g Mehl
Zum Bestreuen: 2 Eßl. Hagelzucker
Für das Backblech: Butter oder Backtrennpapier
Pro Stück etwa 295 Joule/70 Kalorien

- Vorbereitungszeit: 45 Minuten
- Backzeit: 10–15 Minuten pro Blech

So wird's gemacht: Die Schokolade zerbrechen und in grobe Stückchen hacken. • Die Butter mit dem Zucker schaumig rühren, das Eigelb und den Rum dazugeben und alles zu einer cremigen Masse weiterrühren. Das Mehl sieben. Die Schokoladenstückchen und das Mehl unter die Crememasse mischen. • Das Backblech einfetten oder mit Backtrennpapier auslegen. Den Backofen auf 200° vorheizen. • Den Teig in einen Spritzbeutel mit glatter großer Tülle füllen und etwa 5 cm lange Stangen auf das Blech spritzen, mit Hagelzucker bestreuen. • Die Schokoladenstangen im Ofen auf der mittleren Schiene 10–15 Minuten backen. • Die Plätzchen mit einem breiten Messer vom Blech heben und auf einem Kuchengitter auskühlen lassen.

Sizilianische Erdnuß-Baisers

Zutaten für 35 Stück:
200 g Erdnußkerne · 3 Eiweiß · 200 g Zucker · 1 Teel. Zitronensaft · 1 Eßl. Kakao · 1–2 Teel. Instantkaffee
Für das Backblech: Butter oder Backtrennpapier
Pro Stück etwa 260 Joule/60 Kalorien

- Vorbereitungszeit: 35 Minuten
- Backzeit: etwa 15 Minuten

So wird's gemacht: Die Erdnußkerne halbieren. Das Eiweiß zu steifem Schnee schlagen, den Zucker dabei langsam einrieseln lassen. Den Zitronensaft, den Kakao und den Kaffee einrühren. Die Erdnußkerne vorsichtig unterheben. • Den Backofen auf 180° vorheizen. Das Backblech einfetten oder mit Backtrennpapier auslegen. • Aus dem Erdnußschnee mit 2 nassen Teelöffeln kleine Häufchen formen und in genügend Abstand auf das Blech setzen. Im Ofen auf der mittleren Schiene etwa 15 Minuten backen.

Algerisches Mandelgebäck

Zutaten für 35 Stück:
700 g geschälte Mandeln · 280 g Zucker · abgeriebene Schale von 1½ unbehandelten Zitronen · 2 Eier · etwas Mehl · knapp ⅛ l Wasser · 4 Eßl. Orangenlikör · 125 g Puderzucker
Für das Backblech: Butter oder Backtrennpapier
Pro Stück etwa 770 Joule/185 Kalorien

- Vorbereitungszeit: 30 Minuten
- Backzeit: 15 Minuten

So wird's gemacht: Die Mandeln durch die Mandelmühle drehen. Mit 220 g Zucker, der Zitronenschale und den Eiern zu einer glatten Masse verkneten. • Die Arbeitsfläche mit Mehl bestäuben und den Mandelteig darauf mit bemehlten Händen zu etwa 2 cm dicken Rollen formen. Die Rollen leicht flach drücken und mit einem bemehlten Messer schräg in 35 Scheiben schneiden. • Den Backofen auf 175° vorheizen. Das Backblech einfetten oder mit Backtrennpapier auslegen. • Die Mandelscheiben auf das

Blech legen und im Ofen auf der mittleren Schiene 15 Minuten backen. • Inzwischen das Wasser mit dem restlichen Zucker aufkochen, abkühlen lassen und mit dem Orangenlikör mischen. • Das Mandelgebäck etwas abkühlen lassen, mit einem Schaumlöffel in den Likörsirup tauchen, auf dem Kuchengitter abtropfen lassen und den Puderzucker darübersieben.

Mein Tip Legen Sie unter das Kuchengitter Pergamentpapier oder Alufolie, so bleibt die Arbeitsfläche sauber.

Italienische Mandelplätzchen

Zutaten für 50 Stück:
100 g geschälte Mandeln · 150 g weiche Butter · 100 g Zucker · 1 Prise Salz · 200 g Mehl
Für das Backblech: Butter oder Backtrennpapier
Pro Stück etwa 250 Joule/60 Kalorien

- Vorbereitungszeit: 30 Minuten
- Ruhezeit: 30 Minuten
- Backzeit: 10–15 Minuten pro Blech

So wird's gemacht: Die Mandeln feinhacken. • Die Butter mit dem Zucker und dem Salz cremig rühren. Das Mehl dazusieben und mit den Mandeln nach und nach daruntermischen. • Den Teig mit bemehlten Händen zu einer Rolle von 3 cm Durchmesser formen, in Alufolie wickeln und 30 Minuten im Kühlschrank ruhen lassen. • Das Backblech einfetten oder mit Backtrennpapier auslegen. Den Backofen auf 220° vorheizen. • Von der Teigrolle ½ cm dicke Scheiben abschneiden, auf das Blech legen und auf der mittleren Schiene des Ofens 10–15 Minuten backen.

Schweinsöhrchen

Bild Seite 10

Zutaten für 16 Stück:
1 Paket tiefgefrorener Blätterteig (300 g)
Zum Ausrollen: etwa 100 g Hagelzucker

- Vorbereitungszeit: 25 Minuten
- Ruhezeit: 15 Minuten
- Backzeit: 20 Minuten

Pro Stück etwa 335 Joule/80 Kalorien

So wird's gemacht: Den Blätterteig nach Vorschrift auf der Packung auftauen lassen. • Die Hälfte des Zuckers auf die Arbeitsfläche streuen und den Blätterteig darauf messerrückendick zu einem Rechteck ausrollen. • Die Teigplatte mit dem restlichen Zucker bestreuen und von den beiden Schmalseiten her zur Mitte locker aufrollen. Von der Doppelrolle fingerdicke Scheiben abschneiden und noch etwas nachformen. • Das Backblech mit kaltem Wasser abspülen und die Öhrchen mit gutem Abstand darauflegen und 15 Minuten ruhen lassen. • Den Backofen auf 220° vorheizen. • Die Schweinsöhrchen auf der mittleren Schiene des Backofens in 20 Minuten goldgelb backen. • Nach 10 Minuten Backzeit die Schweinsöhrchen mit einem breiten Messer wenden, damit sie auf beiden Seiten gleich braun werden.

Brauner Hausfreund

Zutaten für 20 Stück:
140 g Blockschokolade · 3 Eier · 200 g weiche Butter · 200 g Zucker · 100 g Mandelstifte · abgeriebene Schale von ½ unbehandelten Zitrone · 200 g Mehl
Für das Backblech: Butter oder Backtrennpapier
Pro Stück etwa 840 Joule/200 Kalorien

- Vorbereitungszeit: 25 Minuten
- Backzeit: etwa 20 Minuten

So wird's gemacht: Die Schokolade mit der Mandelmühle feinreiben. • Die Eier in Eiweiß und Eigelb trennen. • Die Butter mit dem Zucker und dem Eigelb cremig rühren, bis sich der Zukker ganz aufgelöst hat. • Die Schokolade, die Mandelstifte und die Zitronenschale hinzufügen und in die Crememasse hineinrühren. Das Mehl darübersieben und gut in den Teig einarbeiten. • Das Backblech einfetten oder mit Backtrennpapier auslegen. Den Backofen auf 180° vorheizen. • Das Eiweiß zu steifem Schnee schlagen und locker unter den Teig heben. • Den Teig etwa 1½ cm dick auf das Backblech streichen und im Ofen auf der mittleren Schiene etwa 20 Minuten backen. • Den Kuchen auf dem Blech etwas abkühlen lassen, dann in Rhomben schneiden.

Rosinenhöckerli

Die Schweizer sind Experten für süße Schleckereien. Da die tüchtigen Hausfrauen praktisch denken, stehen auf ihrem Weihnachtsguetzli-Programm auch viele Rezepte, die nicht sehr arbeitsaufwendig sind.

Zutaten für 80 Stück:
200 g weiche Butter · 250 g Rosinen · 250 g Zucker · 4 Eier · abgeriebene Schale von 1 unbehandelten Zitrone · 500 g Mehl
Für das Backblech: Butter oder Backtrennpapier
Pro Stück etwa 295 Joule/70 Kalorien

- Vorbereitungszeit: 35 Minuten
- Backzeit: etwa 10 Minuten pro Blech

So wird's gemacht: Die Rosinen unter fließendem heißen Wasser waschen und auf Küchenkrepp trocknen lassen. • Die Butter mit dem Zucker und den Eiern schaumig rühren. Die Zitronenschale hinzufügen. • Das Mehl sieben, mit den Rosinen mischen und nach und nach in die Schaummasse einarbeiten. • Das Backblech einfetten oder mit Backtrennpapier auslegen. Den Backofen auf 180–200° vorheizen. • Mit einem nassen Teelöffel kleine Häufchen vom Teig abstechen und auf das Backblech setzen. • Die Plätzchen im Ofen auf der mittleren Schiene etwa 10 Minuten backen.

Mein Tip Plätzchenrezepte lassen sich nach Bedarf halbieren oder auch verdoppeln, es sei denn sie sind mit einem besonderen Vermerk versehen.

Walnußbusserl

Zutaten für 30 Stück:
100 g Walnußkerne · 100 g kernige Haferflocken · 3 Eiweiß · 150 g Zucker · 1 Päckchen Vanillinzucker · 1 Eßl. Zitronensaft · abgeriebene Schale von ¼ unbehandelten Zitrone
Zum Verzieren: etwa 30 halbe Walnußkerne
Für das Backblech: Butter oder Backtrennpapier
Pro Stück etwa 340 Joule/80 Kalorien

- Vorbereitungszeit: 35 Minuten
- Backzeit: etwa 10 Minuten pro Blech

So wird's gemacht: Die Walnußkerne durch die Mandelmühle drehen. • Die Haferflocken in einer beschichteten Pfanne unter Rühren hellbraun rösten. • Das Eiweiß zu steifem Schnee schlagen, den Zucker und den Vanillinzucker einrieseln lassen, weiterschlagen, bis sich der Zucker ganz aufgelöst hat. Den Zitronensaft und die -schale einrühren. Die Walnüsse und die Haferflocken unter die Schaummasse heben. • Das

Backblech einfetten oder mit Backtrennpapier auslegen. Den Backofen auf 180° vorheizen. • Aus dem Teig mit zwei nassen Teelöffeln etwa walnußgroße Kugeln formen und auf das Blech setzen. Die Kugeln etwas flachdrücken und jedes Plätzchen mit einer Walnußhälfte verzieren. • Die Busserln auf der mittleren Schiene des Ofens 10 Minuten backen.

Krachkuchen

Bild Seite 37

Krachkuchen ist kein, wie der Name vermuten läßt, deftiger Plattenkuchen. Die dünnen Mandelschnitten sind feine Kekse, die besonders gut zum Tee schmecken.

Zutaten für 48 Stück:
125 g weiche Butter · 1 Eigelb · 100 g Zucker · 100 g Mehl
Für den Belag: 50 g geschälte Mandeln · 1 Ei · 4 Eßl. Hagelzucker
Für das Backblech: Butter oder Backtrennpapier
Pro Stück etwa 230 Joule/55 Kalorien

- Vorbereitungszeit: 35 Minuten
- Backzeit: 10 Minuten

So wird's gemacht: Die Butter mit dem Eigelb glattrühren. Den Zucker dazugeben und alles schaumig rühren. Das Mehl darübersieben und nach und nach untermischen. • Das Backblech einfetten oder mit Backtrennpapier auslegen. Den Backofen auf 190° vorheizen. • Den Teig sehr dünn mit der Hand auf das Backblech drükken (er reicht wirklich für das ganze Blech). • Die Mandeln der Länge nach in feine Stifte schneiden (etwas dicker als die fertig gekauften). Das Ei verquirlen. Die Teigplatte mit dem Ei bepinseln und mit den Mandelstiften und dem Hagelzucker bestreuen. • Den Krachkuchen im Ofen auf der mittleren Schiene 10 Minuten bakken. • Den Kuchen noch heiß in etwa 3 × 6 cm große Streifen schneiden. Dabei das Messer nicht durchziehen, da sonst die Mandeln absplittern. Nur mit sanftem Druck schneiden. Die Kekse auf dem Kuchengitter abkühlen lassen.

Dattelmakronen

Zutaten für 35 Stück:
150 g geschälte Mandeln · 150 g getrocknete Datteln ohne Kern · 2 Eiweiß · 150 g Zucker · 1–2 Teel. Zitronensaft
Für das Backblech: Butter oder Backtrennpapier
Pro Stück etwa 245 Joule/60 Kalorien

- Vorbereitungszeit: 35 Minuten
- Backzeit: 15 Minuten

So wird's gemacht: 75 g Mandeln in Stifte schneiden, die restlichen grobhacken. Die Datteln in feine Streifen schneiden. • Das Eiweiß sehr steif schlagen, den Zucker einrieseln lassen und die Masse schaumig rühren. Die Mandeln und die Datteln mit dem Zitronensaft hineinmischen. • Das Backblech einfetten oder mit Backtrennpapier auslegen. Den Backofen auf 150° vorheizen. • Mit einem nassen Teelöffel von der Makronenmasse kleine Häufchen abstechen und nicht zu eng aneinander auf das Blech setzen. Die Dattelmakronen im Ofen auf der mittleren Schiene 15 Minuten backen.

Mein Tip Makronen und andere Nuß- und Mandelplätzchen nie zu lange im Backofen lassen. Sie müssen sich noch eindrücken lassen, sonst werden sie später sehr hart.

Rezept- und Sachregister

Kursiv gesetzte Seitenzahlen verweisen auf Farbbilder.

Rezept- und Sachregister

Selbstgebacken, ob mit ungeschälten oder geschälten Mandeln zubereitet, schmecken die weltberühmten Vanillekipferl bestimmt am besten. Für das Formen ist allerdings etwas Geduld erforderlich. Rezept Seite 24. ▷